辽宁大学应用经济学系列丛书·青年学者系列

国家"双一流"建设学科

中国政策性金融机构
绩效评价体系研究

林　春　著

中国财经出版传媒集团

经济科学出版社
Economic Science Press

图书在版编目（CIP）数据

中国政策性金融机构绩效评价体系研究/林春著 .
—北京：经济科学出版社，2021.1
（辽宁大学应用经济学系列丛书·青年学者系列）
ISBN 978 - 7 - 5218 - 2288 - 5

Ⅰ.①中…　Ⅱ.①林…　Ⅲ.①政策性金融 - 金融
机构 - 经济绩效 - 体系 - 研究 - 中国　Ⅳ.①F832.3

中国版本图书馆 CIP 数据核字（2020）第 266573 号

责任编辑：于海汛　郑诗南
责任校对：王肖楠
责任印制：范　艳　张佳裕

中国政策性金融机构绩效评价体系研究

林　春　著

经济科学出版社出版、发行　新华书店经销
社址：北京市海淀区阜成路甲 28 号　邮编：100142
总编部电话：010 - 88191217　发行部电话：010 - 88191522
网址：www. esp. com. cn
电子邮箱：esp@ esp. com. cn
天猫网店：经济科学出版社旗舰店
网址：http：//jjkxcbs. tmall. com
北京季蜂印刷有限公司印装
710 × 1000　16 开　12 印张　180000 字
2021 年 4 月第 1 版　2021 年 4 月第 1 次印刷
ISBN 978 - 7 - 5218 - 2288 - 5　定价：48.00 元
（图书出现印装问题，本社负责调换．电话：010 - 88191510）
（版权所有　侵权必究　打击盗版　举报热线：010 - 88191661
QQ：2242791300　营销中心电话：010 - 88191537
电子邮箱：dbts@ esp. com. cn）

总　序

　　本丛书为国家"双一流"建设学科"辽宁大学应用经济学"系列丛书，也是我主编的第三套系列丛书。前两套系列丛书出版后，总体看效果还可以：第一套是《国民经济学系列丛书》（2005年至今已出版13部），2011年被列入"十二五"国家重点出版物出版规划项目；第二套是《东北老工业基地全面振兴系列丛书》（共10部），在列入"十二五"国家重点出版物出版规划项目的同时，还被确定为2011年"十二五"规划400种精品项目（社科与人文科学155种），围绕这两套系列丛书取得了一系列成果，获得了一些奖项。

　　主编系列丛书从某种意义上说是"打造概念"。比如说第一套系列丛书也是全国第一套国民经济学系列丛书，主要为辽宁大学国民经济学国家重点学科"树立形象"；第二套则是在辽宁大学连续主持国家社会科学基金"八五"至"十一五"重大（点）项目，围绕东北（辽宁）老工业基地调整改造和全面振兴进行系统研究和滚动研究的基础上持续进行探索的结果，为促进我校区域经济学学科建设、服务地方经济社会发展做出贡献。在这一过程中，既出成果也带队伍、建平台、组团队，使得我校应用经济学学科建设不断跃上新台阶。

　　主编这套系列丛书旨在使辽宁大学应用经济学学科建设有一个更大的发展。辽宁大学应用经济学学科的历史说长不长、说短不短。早在1958年建校伊始，便设立了经济系、财政系、计统系等9个系，其中经济系由原东北财经学院的工业经济、农业经济、贸易经济三系合成，财税系和计统系即原东北财经学院的财信系、计统系。1959年院系调整，将经济系留在沈阳的辽宁大学，将财政系、计统系迁到大连组建辽宁财经学院（即现东北财经大学前身），将工业经济、农业经济、贸易经济三个专业的学生培养到毕业为止。由此形成了辽宁大学重点发展理论经济学（主要是政治经济学）、辽宁财经学院重点发展应用经济学的大体格局。实际上，后来辽宁大学也发展了应用经济学，东北财经大学也发展了理论经济学，发展得都不错。1978 年，辽宁大学恢复招收工业经济本科生，1980 年受人民银行总行委托、经教育部批准开始招收国际金融本科生，1984 年辽宁大学在全国第一批成立了经济管理学院，增设计划统计、会计、保险、投资经济、国际贸易等本科专业。到 20世纪 90 年代中期，辽宁大学已有西方经济学、世界经济、国民经济计划与管理、国际金融、工业经济等 5 个二级学科博士点，当时在全国同类院校似不多见。1998 年，建立国家重点教学基地"辽宁大学国家经济学基础人才培养基地"。2000 年，获批建设第二批教育部人文社会科学重点研究基地"辽宁大学比较经济体制研究中心"（2010 年经教育部社会科学司批准更名为"转型国家经济政治研究中心"）；同年，在理论经济学一级学科博士点评审中名列全国第一。2003 年，在应用经济学一级学科博士点评审中并列全国第一。2010 年，新增金融、应用统计、税务、国际商务、保险等全国首批应用经济学类专业学位硕士点；2011 年，获全国第一批统计学一级学科博士点，从而实现经济学、统计学一级学科博士点"大满贯"。

在二级学科重点学科建设方面，1984 年，外国经济思想史（即后来的西方经济学）和政治经济学被评为省级重点学科；1995 年，西方经济学被评为省级重点学科，国民经济管理被确定为省级重点扶持学科；1997 年，西方经济学、国际经济学、国民经济管理被评为省级重点学科和重点扶持学科；2002 年、2007 年国民经济学、世界经济连续两届被评为国家重点学科；2007 年，金融学被评为国家重点学科。

在应用经济学一级学科重点学科建设方面，2017 年 9 月被教育部、财政部、国家发展和改革委员会确定为国家"双一流"建设学科，成为东北地区唯一一个经济学科国家"双一流"建设学科。这是我校继

1997 年成为"211 工程"重点建设高校 20 年之后学科建设的又一次重大跨越，也是辽宁大学经济学科三代人共同努力的结果。此前，2008 年被评为第一批一级学科省级重点学科，2009 年被确定为辽宁省"提升高等学校核心竞争力特色学科建设工程"高水平重点学科，2014 年被确定为辽宁省一流特色学科第一层次学科，2016 年被辽宁省人民政府确定为省一流学科。

在"211 工程"建设方面，在"九五"立项的重点学科建设项目是"国民经济学与城市发展"和"世界经济与金融"，"十五"立项的重点学科建设项目是"辽宁城市经济""211 工程"三期立项的重点学科建设项目是"东北老工业基地全面振兴"和"金融可持续协调发展理论与政策"，基本上是围绕国家重点学科和省级重点学科而展开的。

经过多年的积淀与发展，辽宁大学应用经济学、理论经济学、统计学"三箭齐发"，国民经济学、世界经济、金融学国家重点学科"率先突破"，由"万人计划"领军人才、长江学者特聘教授领衔，中青年学术骨干梯次跟进，形成了一大批高水平的学术成果，培养出一批又一批优秀人才，多次获得国家级教学和科研奖励，在服务东北老工业基地全面振兴等方面做出了积极贡献。

编写这套《辽宁大学应用经济学系列丛书》主要有三个目的：

一是促进应用经济学一流学科全面发展。以往辽宁大学应用经济学主要依托国民经济学和金融学国家重点学科和省级重点学科进行建设，取得了重要进展。这个"特色发展"的总体思路无疑是正确的。进入"十三五"时期，根据"双一流"建设需要，本学科确定了"区域经济学、产业经济学与东北振兴""世界经济、国际贸易学与东北亚合作""国民经济学与地方政府创新""金融学、财政学与区域发展"和"政治经济学与理论创新"等五个学科方向。其目标是到 2020 年，努力将本学科建设成为立足于东北经济社会发展、为东北振兴和东北亚区域合作做出应有贡献的一流学科。因此，本套丛书旨在为实现这一目标提供更大的平台支持。

二是加快培养中青年骨干教师茁壮成长。目前，本学科已形成包括长江学者特聘教授、国家高层次人才特殊支持计划领军人才、全国先进工作者、"万人计划"教学名师、"万人计划"哲学社会科学领军人才、国务院学位委员会学科评议组成员、全国专业学位研究生教育指导委员会委员、文化名家暨"四个一批"人才、国家"百千万"人才工程入选者、国家级教学名师、全国模范教师、全国优秀教师、教育部新世纪优秀人才、教育部高等学校教学指导委员会主任委员和委员、国家社会科学基金重大项目首席专家等在内的学科团队。本丛书设学术、青年学者、教材、智库四个子系列，重点出版中青年教师的学术著作，带动他们尽快脱颖而出，力争早日担纲学科建设。

三是在新时代东北全面振兴、全方位振兴中做出更大贡献。面对新形势、新任务、新考验，我们力争提供更多具有原创性的科研成果、具有较大影响的教学改革成果、具有更高决策咨询价值的智库成果。丛书的部分成果为中国智库索引来源智库"辽宁大学东北振兴研究中心"和"辽宁省东北地区面向东北亚区域开放协同创新中心"及省级重点新型智库研究成果，部分成果为国家社会科学基金项目、国家自然科学基金项目、教育部人文社会科学研究项目和其他省部级重点科研项目阶段研究成果，部分成果为财政部"十三五"规划教材，这些为东北振兴提供了有力的理论支撑和智力支持。

这套系列丛书的出版，得到了辽宁大学党委书记周浩波、校长潘一山和中国财经出版传媒集团副总经理吕萍的大力支持。在丛书出版之际，谨向所有关心支持辽宁大学应用经济学建设与发展的各界朋友，向辛勤付出的学科团队成员表示衷心感谢！

林木西

2019 年 10 月

目　录

第一章

绪　　论

第一节　研究背景及意义

一、研究背景

党的十八届五中全会通过的"十三五"规划建议明确提出，当前我国金融业改革和发展的总体要求，将创新、协调、绿色、开放和共享五大发展理念全面贯穿于金融发展之中，实现金融业的供给侧改革，提高金融供给产品的质量和效率，增强金融服务实体经济的能力，为新常态下我国经济发展质量提升和稳步于中高速经济增长提供了有效的保障。政策性金融机构作为向社会输出金融公共产品的供给体，旨在全面提高和巩固政策目标的实现程度，其改革也势在必行。刘世锦（2015）认为现阶段我国公共产品的供给空间有待于进一步加强，应该着重从完善中长期融资的政策性金融机构和工具入手。[①] 张承惠（2016）认为政策性金融作为实现国家战略目标的一个政策工具，向商业金融不愿意涉

---

① 刘世锦：《全面持续地提高要素生产率》，载《国家行政学院学报》2015 年第 3 期。

足的领域提供金融服务，弥补有效金融供给的不足，并指出当前正是我国的战略调整期，要实现产业结构升级和经济发展模式转换是一个非常痛苦的过程，而政策性金融机构恰恰可以充当应对经济结构调整冲击的重要工具，来有效地缓解这段痛苦进程。[①] 由此可见，政策性金融改革对我国目前新常态下经济发展和结构转型的重要性。

政策性金融服务作为商业性金融重要和有益的补充，在支援国家经济建设和促进社会公共事业发展中发挥着举足轻重的作用。在当前严峻的经济形势下，李克强总理在 2015 年主持召开的金融企业座谈会中也再次强调了增加政策性金融服务供给的重要性，确保国家经济建设目标的顺利完成。李若谷（2015）提出让政策性金融成为新常态下经济稳定增长的助推器。从党的十四届三中全会决定成立政策性金融机构算起，我国政策性金融的发展已经走过了二十多年的风雨历程。面临着新阶段下继续推进政策性金融深化改革的需要，应牢牢把握我国基本国情这个出发点，遵循现阶段市场经济规律，坚持不懈地进行政策性金融体制和机制的改革创新，探索出一条具有中国特色政策性金融的可持续发展之路。当前，中国经济处于"新常态"的条件下，增长速度逐渐放缓，这也是需要发挥宏观调控作用的重要阶段，因此政策性金融机构可以大有作为。尤其是在降准降息等普遍性政策难以奏效和商业性金融机构出于利润最大化目的与决策层意图背道而驰的时候，政策性金融机构的作用更是日益凸显。但政策性金融机构内部也存在诸多问题，包括内部机构管理失调、经营效率偏低和外部监管缺位等，都会阻碍政策性金融机构作用的发挥。这也是十八届三中全会《中共中央关于全面深化改革若干重大问题的决定》明确要"推进政策性金融机构改革"的目的所在。李克强总理在 2015 年的《政府工作报告》中也再次强调要发挥好政策性金融在增加公共产品供给中的作用。政策性金融作为我国金融体系发展不可或缺的重要组成部分（白钦先，1993；王广谦，2008；贾

---

① 张承惠：《政策性金融未来五年将起重要作用》，东方财富网，2016 年 3 月 21 日，ht-tp：//finance. eastmoney. com/news/1371，20160321606019179. html.

康，2009），它包括政策性银行、政策性保险机构和政策性担保机构等。其中，以国家开发银行（以下简称"国开行"）、中国农业发展银行（以下简称"农发行"）和中国进出口银行（以下简称"进出口行"）3家政策性银行和中国出口信用保险公司（以下简称"中国信保"）1家政策性保险公司为我国政策性金融活动最主要的运营载体，并在政策性金融机构服务实体经济中发挥着重要作用。2015年4月12日，国务院下达改革批复文件，要求国开行改革"要坚持开发性金融机构定位"；进出口行改革"要强化政策性职能定位"；农发行改革"要坚持以政策性业务为主体"。可见，政策性金融机构仍然以政策性经营活动为主要服务导向，但也要坚持保本微利的原则。这种原则也不是唯一或最终的目标，在特殊情况下也可以获取较大的经济收益，故提高其政策性金融机构综合经营效率和优化社会效益成为当下政策性金融改革发展之关键。因此，当前适逢我国政策性金融改革的"窗口期"，纳入科学合理的绩效评价体系对实现可持续发展显得尤为重要。

二、研究意义

绩效是活动过程的效率和结果的综合反映，对其进行综合评价就可以判定该项活动实施的效果如何。美国著名管理大师彼得·德鲁克（Peter Drucker）曾经说过："无法度量就无法管理"，强调了评价对企业管理的重要意义。绩效评价作为经营机构的一种管理工具，通过对该机构实施绩效评价可以将其战略目标进行逐级分解，具体落实到相应的职能部门和每一名员工身上，并根据绩效评价结果进行优化调整，使员工绩效与企业部门绩效有效汇集，以此促进机构战略目标的实现。政策性金融机构作为特殊的金融企业存在，虽然不以营利为目的，但其所发挥的政策性职能效果是非常值得考量的。对该机构实施有效的绩效评价，既关系到公共金融资源的合理化配置，又关系到国家长治久安重要战略目标的实现。由此可见，当下急需构建政策性金融机构绩效评价体系以及对评价体系的科学性应用，既是新常态下政策性金融可持续发展的必然选择，也是现阶段"白热化"金融市场环境下所有金融机构遵循市场发展规律的必经之路。

美国《商业周刊》2002年的调查结果表明，企业成功的第一要素是绩效管理。罗伯特·西蒙斯（Robert Simons，2000）认为优秀的企业更是需要绩效评价系统，这样可以通过监测到的运营状况来进一步挖掘企业的潜力。政策性金融作为国家金融主体的重要组成部分，其政策性金融机构作为扶持"强位弱势群体"①的金融资源分配机构，并以发行政策性金融债券为现阶段的主要市场融资模式，以全面实现改善社会福利水平为宗旨目标。该目标的政策实现度也是作为政策性金融改革的关键评价砝码，而备受政府、专家以及学者们的密切关注。谈到目标的政策实现度，不免就会提及有效的绩效评价指标体系的构建，若不能进行合理化构建，那目标的政策实现度也只会成为理想的"泡影"。可见，绩效评价对政策性金融机构的重要性不言而喻。那么，什么是政策性金融机构的绩效评价呢？其机构绩效评价依据的理论基础是什么？现有的绩效评价体系对政策性金融机构是否"合身"以及存在哪些不足之处呢？如果构建政策性金融机构绩效评价体系必须兼顾经济有效性和社会合理性两者的综合考虑，那么需要纳入哪些考核指标才显得更为合理和科学呢？关于上面诸多问题的思考，在现有的文献研究中并没有得到多少明确的答案。即使有些相关的研究，也是将政策性金融机构的绩效研究混同为商业性金融机构的绩效研究，并没有足够考虑到该机构的特殊性质，得出的结论又能有多少参考价值呢？本书以尝试回答上述思考问题为背景依托，在厘清政策性金融机构特征的前提下，分别从三个系统（社会、经济和生态）和两个维度（经营绩效和公共绩效）来构建我国

---

① "强位"是指符合政府特定的社会经济政策或政治意图，关系到国计民生而需要政策性金融扶植的产业、领域和群体，在世界各国或地区经济和社会发展中具有特殊战略性的重要地位；"弱势"是指金融需求主体或融资对象由于自身的、历史的和自然的等特殊原因，造成其一定的经济环境条件下、在激烈的市场竞争中处于融资或参保方面的相对劣势或特别弱势的状态；"群体"不仅是指处于社会关系中具有共同目标和期待的人群的集合体，而且也包括为了实现一定社会目的、依照特定的规范和正式的规章制度而组成的正式组织，如企业、政府等。

政策性金融机构的绩效评价指标体系，并进一步验证该绩效评价指标体系的合理性应用。绩效评价体系的合理实施，不仅为金融当局对该机构实施动态绩效管理提供了重要的理论依据和技术支持，也为深化我国政策性金融改革指明了方向。同时也在一定程度上丰富了我国金融发展理论，完善了我国金融发展体系，并对科学评价金融机构绩效及实现金融可持续发展目标具有重要的理论意义和现实意义。

第二节　国内外研究动态

一、国外研究动态

在世界经济的发展历程中，政策性金融机构服务于恢复经济增长的使命一直没有改变，只是在各个国家以不同的形式和名称存在而已。包括德国复兴信贷银行、韩国产业银行、日本开发银行、印度工业开发银行、澳大利亚资源开发银行、美国合作银行、法国农业信贷银行、加拿大出口开发公司、巴西全国住房银行等。但我们不难发现这些金融机构有很多相似的属性特征，包括：由政府或政府机构出资；经营模式不以利润最大化为目的；在特定的业务领域以贯彻和配合政府的社会经济政策或意图来从事政策性融资活动。同时，国外针对政策性金融机构细分研究方面的文献也并不多见，而是将其作为政府从事金融中介的公共部门机构来展开相关系列的研究，这点同我国将政策性金融机构划分为广义公共部门[1]保持了内在的一致性。其中，合理地评价政府公共部门提供的产品有效性供给成为学者们关注的焦点，而有效的绩效评价成为衡量其准则的重要手段。因此，本书在对政策性金融机构的绩效评价的外文文献梳理与回顾中，更多地围绕政府公共部门的绩效评价体系研究来

---

[1]　樊勇明、杜莉：《公共经济学（第 2 版）》，复旦大学出版社 2007 年版，第 7 页。

展开。

（一）政策性金融机构绩效评价的阶段性发展研究

在西方国家，罗伯特·欧文斯较早地（19世纪初）将绩效管理应用到苏格兰的工业领域。美国军方和其政府公务员系统也分别在1813年和1842年引入绩效管理模式。最具代表性的是美国纽约市政研究局1906年运用社会调查及成本核算等技术方法建立了政府活动（包括投入、产出和结果）的综合绩效评价，并首次把以效率为核心的绩效评估技术应用到公共财政支出中，开创了公共部门绩效评价历史上的先河。克莱伦斯·雷得累和赫伯特·西蒙1938年所著《市政工作衡量：行政管理评估标准的调查》[①]一书的问世，代表着公共部门绩效评价理论研究真正意义上的开始。20世纪80年代兴起的英国新公共管理运动和美国政府再造运动也进一步助推公共部门绩效评估理论的发展和推广，并在20世纪90年代得到了新西兰、加拿大和北欧等国家和地区较为全面、广泛的应用。目前，公共部门的绩效评价在各个国家都引起了足够的重视，其理论与应用也得到了进一步深化和发展。

（二）政策性金融机构绩效评价的价值取向及性质研究

在绩效评价行为调整的过程中，价值取向发挥着重要的作用。肯尼斯·普尼维特（Kenneth Prewitt，1975）认为政府公共绩效评价既是对政府管理的能力、管理效率、向社会提供公共服务质量和群众满意度等方面的价值判断，也是对政府在公共投资管理中的投入产出、事中和事后的绩效等级评判。约瑟夫·S. 侯利（Joseph S. Wholey，1999）认为政府绩效管理是对融入公共组织和项目的生产力、时效性和有效性等综合系统的多种判断价值的工作模式。哈特瑞·P. 哈瑞等（Harry P. Hatry et al.，1978）认为政府公共绩效评价应该以"3E"[②]目标为基

---

① 丹尼尔·A. 雷恩：《管理思想的演变》，中国社会科学出版社2000年版，第48页。
② "3E"是指经济（economy）、效率（efficiency）和效果（effectiveness）。

础和"顾客导向"为原则来全面提升公共产品的服务质量，这也彻底改变了"效率"为主导的传统政府公共绩效评价目标的价值取向（Hughes，1994）。詹姆斯·Q. 威尔逊（James·Q. Wilson，1989）认为政府公共部门绩效评价不应该以成本投入所消耗的人力、物力和财力的多少作为衡量标准，而是以公共项目所取得的效果作为衡量标准，这样才能够更好地指导政府公共部门的经济行为。理查德·海克斯（Richard Heeks，1999）认为政府组织绩效是一个随着评价主体和时间而改变的动态范畴，也是一个受内外因素变化影响的多维度范畴，这些都决定了政府组织绩效评价的有效性。其中，内部因素受员工积极性、部门协调、自身专业技能和内部管理机制等方面的影响；外部因素受经济政策、政治环境、地理环境、社会因素、人文环境等方面的影响。

（三）政策性金融机构绩效评价的重要性研究

克劳迪奥·冈萨雷斯·维加（Claudio Gonzalez – Vega，1990）认为隶属于公共部门的国有政策性金融机构最大的股东来源于国际援助机构、国家或地方政府、央行等，他们提供给政策性金融机构信贷补贴利率，并利用这部分公共资金实现其政策目标，但相关受益人存在频繁违约的可能性，导致政策性金融机构的社会效益下降，所以对于该机构的绩效应该引起足够的重视。伯杰和汉弗莱（Berger & Humphrey，1991）认为，这种低绩效比未经利用的规模经济和范围经济更引人关注。同时，这种严重的低绩效情况存在既会减少产出方面的收入，也会增加投入方面的成本（Berger et al. ，1993；Soteriou & Zenios，1999）。威塔斯和川浦昭彦（Vittas & Kawaura，1995）认为利用实证评估政策性金融的影响是比较困难的，简单的部门增长与信贷支持的关系并不能成为政策性金融效益和效率的有效性验证，因为信贷支持的目的不仅包括促进增长，还包括支持衰退部门（如：日本的煤矿和造船）减少合理经济扭曲。罗伯特·贝恩（Robert D. Behn，2003）认为开展绩效评估有助于实现评估、控制、预算、激励、推动、庆祝、学习和改进管理八种管理目标。哈罗德·弗里德等（Harold O. Fried et al. ，1993）认为美国信用联盟是一种规模较小、合作性较强的区别于其他大型商业性金融机构的非营利性金融中介机构，虽然不以营利性为主要目标，但是对其自身发展目标的绩效考核也是非常重视的，并考虑到该机构独特的组织结构和制度特征，故其绩效评价也应该与其他商业性金融机构有所区别。进一步采用非参数随机技术，以美国信用联盟总数的 2/3 为考察样本进行实证分析，得出结论如下：考察期内，每个低效率信用联盟都存在许多潜在的主导模型；考察样本中信用联盟总量的 20% 均处于平均低效率水平，存在较大的改善空间，这个空间主要是在质量方面而不是在价格方面和其他方面。

（四）政策性金融机构绩效评价的方法研究

绩效评价方法必须是多维度和多层面的，这样才能保证对考核对象评估的准确性和科学性。阿里·哈拉契米（Arie Halachmi，2003）认为绩效评价可以使用不同侧面的业绩进行比较分析，包括与过去、跨截面、实际业绩与业绩标准等方面的比较。丹尼尔·威廉姆斯（Daniel W. Williams，2004）采用了比率分析法及超对数生产函数法等对公共部门进行了相关的绩效评价。史蒂文·奥特和 E. W. 罗素（J. Steven Ott & E. W. Russell，2006）采用最低成本法及目标评价法等对公共项目绩效进行了相应的评价。托德·里特曼（Todd Litman，2006）提出社会绩效评价方法，一方面强调横向公正遵循社会公平理念，即全民平等；另一方面强调纵向公正遵循社会正义理念，即关注社会弱势群体。依据此评价方法，德尔博斯克和格雷厄姆·柯里（Alexa Delbosc & Graham Currie，2011）以及蒂莫西·韦尔奇（Timothy F. Welch，2013）分别对澳大利亚墨尔本公共交通服务水平和美国巴尔的摩公共交通服务水平和各类社会住宅的"空间匹配"进行了社会公正绩效评价。罗伯特·卡普兰和戴维·诺顿（Robert S. Kaplan & David P. Norton，1998）构建公共部门的平衡计分卡，他们认为公共部门即使不以营利为目的，也要保持良好的财务状况，这样才能为社会公众提供更好的服务。马克·施赖纳和雅各布·亚伦（Mark Schreiner & Jacob Yaron，2001）认为测量公共支持的社会成本评价结果很重要，因为公共资金具有资源稀缺性。目前采取的新措施主要有雅各布·亚伦（Jacob Yaron，1992）提出的补贴依赖系数和马克·施赖纳（Mark Schreiner，1997）提出的净社会成本。同时，他们还认为原有衡量社会成本的方法的失败主要归因于是针对测量私营企业绩效而设计的，而不是专门针对公共金融部门。衡量公共金融部门社会成本的目标并不是要取消补贴支持，而是通过这种测量成本的考核确保补贴类公共金融机构是提高社会福利的最好方法。扎尔瓦提等（Zaherawati Zakaria et al.，2011）运用关键绩效指标（key performance indicator，KPI）考评法对马来西亚公共部门服务供给系统进行定期的测评，发现该方法的使用对政府公共部门服务效率的提高具有重要的促进作用，并给出将此有效方法应用到第三方机构的相应建议。

（五）政策性金融机构绩效评价模型研究

在绩效评价模型方面，彼德·M. 杰克逊（Peter M. Jackson，1993）认为政府活动绩效评价是非常有必要的，并将所构建的绩效评价战略模型应用于政府提供的公共服务中。阿比·戈巴戴安和阿什沃思·约翰（Ghobadian Abby & Ashworth John，1994）构建了以投入与产出为主轴的绩效评价通用模型。萨塔（Santa，1998）构建了以定义使命、确立目标和开发绩效为指标体系的美国县级政府全面评价模型。弗里德里克·雷恩（Frederick S. Lane，2007）基于数据包络分析（Data envelopment analysis，DEA）评价模型，通过评估维度差异的综合性绩效测量体系，采用价值链分析方法对政府的公共部门绩效进行了相关评价。美国行政学会（2000）开发了一套结果导向的绩效评价实施战略。阿尼·马泰和卢西卡·马泰（Ani Matei & Lucica Matei，2006）从跨学科的角度提出最适当的公共服务体系评价模型，并强调了该模型一定要带有概率和统计的相关性质，这样所构建的评价模型才能更为准确和科学。何塞·托莫·皮斯科和若昂·费雷拉·迪亚斯（José Tomo Psico & João Ferreira Dias，2007）采用社会绩效指标（SPI）模型，从针对穷人和被金融边缘化的人群、提供给目标客户合适的服务和产品、改善客户的社会和政治资本、社会责任四个维度来考察不发达国家——莫桑比克的小额贷款机构的社会绩效，发现该国家的大多数小额贷款机构并不注重社会绩效目标的实现，只有很少数才能接近国际平均水平。克拉迪亚·卡瓦略等（Cláudia Carvalho et al.，2010）在所提出的评估公共服务质量模型中，他们着重强调了应该探讨公民、公共组织以及社会等是如何影响公共服务发展质量的，并充分调查公民对公共服务的满意度和关注公共管理在公共服务中的重要性，这样才能找出影响公共服务质量的原因。

（六）政策性金融机构绩效评价指标体系设计研究

在评价指标体系设计方面，世界银行专家雅各布·亚伦（Jacob Yaron，1992a，1992b）较早的提出涵盖目标客户覆盖面和自身可持续性两大指标为主体的金融机构绩效评价体系，虽然不能对金融机构的整体业绩作以精准的衡量，但却实现了对机构目标实现度的量化，成为金融机构最常用的绩效评价工具。美国政府责任委员会（1997）提出包括投入、能量、产出、结果、效率和成本效益、生产力6个方面的财政支出项目绩效评价指标体系。帕特里夏·基利（Patricia Keenley，2002）构建了涵盖经济、教育、环境、市民参与、社会支持等7个领域共158个子指标的俄勒冈州财政支出绩效评价指标体系。波伊斯特（T. Beust，2005）认为项目绩效评价体系应该包括产出、效率、客户满意度和成本效益等主要指标类型。保罗·阿特金森和保罗·范登·诺德（Paul Atkinson & Paul Van Den Noord，2002）认为对各政府的财政支出应该从财政纪律、分配效率、成本效益等方面进行绩效评价。约翰·彼得和莱因哈德·施密特（Krahnen Jan Pieter & Reinhard H. Schmidt，1996）认为评价公共金融机构的经营绩效要着重从社会真实价值、补贴独立、具有私营盈利性和自我可持续发展等几个方面来完成其指标体系设计。伦伯格等（K. Lundberg et al.，2009）和凯伦·弗莱尔等（Karen Fryer et al.，2009）认为在公共部门绩效评价工具中，强调增加社会责任和活动效率等指标也是非常重要的，这样更能保证为其提供有效的数据和有效的公共服务传递。

二、国内研究动态

绩效考核最早记载可追溯到中国的三皇五帝时期。《尚书·尧典》中"纳于大麓,烈风骤雨弗迷"这句话也体现了尧将帝位禅让给舜之前也要对其进行绩效考核。这些足以表明了统治者或管理者很早就意识到绩效考核对于生产活动的重要性。[①]

相比于国外文献研究的宽泛性,国内有关政策性金融机构绩效评价的研究显得更为具体和深刻,其相关学术研究成果也颇为丰富。

(一)政策性金融机构绩效评价的重要性研究

政策性金融机构与商业性金融机构同为金融发展体系的"左膀右臂",两者在稳定性和效率上存在折中与互补的关系,其全面深化改革措施和加强综合绩效管理也是近年来备受关注的热点话题。国务院在2015 年批复政策性银行的改革方案也再次肯定了政策性金融地位的重要性,并从概念上提出了开发性金融和政策性金融的并立,但从业务本质角度上讲开发性金融仍归属于政策性金融(贾康,2015),因此本书的研究也将开发性金融机构(国家开发银行)纳入进来作为分析对象。李扬(2006)认为政策性金融机构应该改变传统的强调社会效益而不考虑财务状况和过度依赖财政补贴的行政化经营模式,这样才能保证该机构经营发展的可持续性。丁孜山(2001)认为政策性金融机构的经营目标并不是"亏损",而应该是在贯彻国家经济建设的前提下,达到社会和项目效益的最大化,这才是该机构的最优效率。钟春平(2016)认为目前我国政策性金融处于短期市场资源配置稳定性不足和长期经营效率不高的困境中,打破这一困境的突破口应该从绩效评价管理入手。王媛(2008)认为政策性保险机构这种垄断模式会产生很多负面效应。从需求角度看,高额的保险费率会增加企业的成本,进而导致出口商放

弃投保，出现承保业务需要不足的局面；从供给角度看，承保机构因缺少相应的风险基金和健全的激励制度而导致自身供给的不足。唐金成等（2010）通过对我国出口信用保险公司进行评价，发现适当的引入竞争因素可以调动该公司的积极性，促进对其市场化经营步骤的设计，进而提高经营绩效，同时也避免我国实行垄断经营存在的许多不利因素。邱兆祥和孙建星（2012）认为日本的农业政策性金融机构成立早且发展健全，其绩效评价机制也相对完善，在注重经营效益的同时兼顾了政策性目标的实现度。其中，以日本农林渔业金融公库为例具体阐述了各指标构建的目的和所要考核的意图，对完善我国政策性金融机构绩效评价体系具有重要的借鉴意义。

（二）政策性金融机构绩效评价方法研究

国内专家和学者有关政策性金融机构绩效的思考主要集中在经济有效性方面。杨晖（2007）采用 DEA 分析软件，对 2002～2005 年我国三家政策性银行的经营效率进行了分析，得出结论是我国政策性银行整体上经营效率是偏低的，并认为资金来源渠道单一、业务经营领域过窄以及风险防范能力弱是造成经营效率低的主要原因。栾义君和马增华（2009）以贷款净额和税前利润作为产出变量，以营业费用、固定资产净值和借贷资金规模作为投入变量，对 2000～2007 年我国三家政策性银行进行了经营效率分析。得出结论：三家政策性银行中表现最好的是国开行，表现最差的是农发行；三家政策性银行总体效率较低，主要是因为政策性银行规模效率低引起的；我国政策性银行的财务可持续能力有待进一步提高。张芬（2014）选取了 2002～2012 年我国三家政策性银行和 10 家商业性银行相关财务数据，对其经营效率进行了相应测算，并作以比较分析。得出结论：政策性银行效率低于商业性银行，且稳定性较差；三家政策性银行中国开行的各项指标良好；政策性银行盈利能力较商业性银行弱，资产利用率不高。林春和王伟（2015）运用 DEA 和 SFA 方法对我国三家政策性银行 2000～2014 年的效率进行测算，并建立回归模型，通过面板数据研究不良贷款率、资产收益率、权益净利率、资产规模、人力资本质量对政策性银行效率的影响。研究结果表明：在样本期内，政策性银行的综合效率整体上偏低，除个别年份外，呈逐年递增的趋势。其中，国开行的综合效率相对较高，农发行的综合效率相对较低。回归结果表明：权益净利率、资产规模、人力资本质量与政策性银行效率具有显著的正相关，而不良贷款率、资产收益率则表现的相关性较差。王伟和金春红（2016）采用 DEA – Malmquist 指数分析方法对我国 1995 ~ 2014 年的政策性银行经营绩效、发展特征及其因素进行评价，得出总体经营效率较为一般的结论。其中，国开行因其商业化转型而表现相对较好，农发行和进出口行表现相对较差。林春（2016）采用 DEA 超效率模型测算我国 2000 ~ 2014 年三家政策性银行的效率值，并采用 Tobit 回归模型对我国政策性银行效率的影响因素进行了深入的探讨。结果表明，除了成本管控能力外，资产质量、银行规模、稳定性、资产配置能力和人力资本质量等因素都对政策性银行效率具有显著的正向促进作用。林春（2016）在合理界定政策性银行投入产出指标的基础上，采用 DEA – Malmquist 指数模型对我国三家政策性银行 2000 ~ 2014 年的全要素生产率进行全面、系统的比较分析，其中包括各年度的技术进步、技术效率、纯技术效率和规模效率等具体情况。结论表明，整体上，我国政策性银行的生产率偏低，但存在潜在的增长趋势；个体上，国开行较好，进出口行较差，且赋予影响因素表现的差别较大；影响政策性银行的全要素生产率指数的构成因素变化明显，技术进步贡献显著，但技术效率贡献不显著。杨甜甜（2015）采用 DEA – Malmquist 指数方法对我国出口信用保险公司 2002 ~ 2013 年的经营绩效进行了评价，得出经营效益不高且逐年改善的结论。由此可见，我国政策性金融机构的经济绩效偏低成为不争的事实。

（三）政策性金融机构绩效评价工具研究

平衡计分卡（BSC）作为主要的绩效评价工具之一，不再以单纯的财务指标作为衡量标准，相应的加入客户、内部运营、学习成长等因素，并注重短期与长期效益的均衡发展，深受相关企业的青睐。许涤龙和田杨（2009）认为国内采用单一的财务指标去衡量银行的经营状况和竞争力是不够科学的，尤其像政策性银行这种具有特殊性质的金融机构，其财务状况一般，但非常注重社会效益。在此背景下，他们将平衡计分卡思想应用于政策性银行多维度绩效评价指标构建当中，并对湖南省农发行2005～2007年14家市级分行进行了实证检验，得出总体绩效逐年上升且增长幅度较为显著的结论，与客观所反映出来的实际情况高度吻合。赵亮（2013）采用BSC工具，构建以总资产收益率、客户满意度、差错发生率、中间业务收入增长率等19个子指标为主体的辽宁省农发行绩效评价体系，进一步通过层次分析法对其权重进行了设计，并以该行2009年的数据为例进行具体的应用评价。刘子赫（2012）认为我国政策性银行因具有特殊的性质，在实现BSC构建绩效评价指标体系时，应该在原有财务、客户、内部流程、学习和成长四个方面指标的基础上进一步增加突出机构特殊属性的政策实现度指标，具体通过社会效益的实现、发展能力、增加收入、客户拓展、员工满意度和信息能力等12个子指标完成了全面、系统的构建，并给出了评价指标的权重设计方法。白钦先和王伟（2013）在出版的《政策性金融概论》著作中提到采用平衡计分卡构建政策性金融机构绩效评价体系，并根据该机构的特殊性质实现以政策实现度、财务、客户、内部流程等五个维度来对其战略目标进行逐层分解与展开，进一步确定其指标权重比例，以此构建出一套该机构所属的较为科学合理的绩效评价指标体系。

（四）政策性金融机构绩效评价存在的问题研究

任何不健全的绩效评价体系都会严重阻碍企业的发展方向，政策性金融机构也毫不例外。王伟（2011）认为我国现有的政策性金融机构经营现状存在偏重经济有效性而忽视社会合理性的弊病，导致了绩效评价体系的失衡。给出解释原因有两个方面：一方面，金融监管部门没有因该机构的特殊性对其绩效评价体系进行量身定做，导致了该机构的社会效益指标考核标准无所依从，进而过度的依赖于经济效益指标，严重制约了最为突出的政策性功能效应的发挥；另一方面，参照经济效益方面的具体考核指标也完全照搬于商业性金融，显然是有些"张冠李戴"、不符合客观事实的，严重干扰了政策性金融机构长期发展规划目标的实现。施其武（2014）认为目前政策性银行绩效评价体系的不健全会导致在经营中存在较大的道德风险和较差的政策目标明确性，其所套用的商业银行监管标准也大大地削减了政策性功能的发挥，相应开展的政策业务所反映出来的社会效益也得不到有效的体现，故对政策性银行的长期发展是非常不利的。郭濂（2014）认为现有政策性银行的绩效考核体系完全套用国有商业银行考核模式是存在较大弊端的，政策性银行因融资模式和经营业务上具有的特殊性质，对其绩效考核要有所区别，并将此考核区别规定纳入相关法律当中予以明确，这样才能为政策性银行提供良好的发展软环境，促进其政策性职能的有效发挥。

（五）政策性金融机构绩效评价体系构建研究

针对政策性金融机构绩效评价体系的合理性构建，专家和学者们也给出相应的建议。张惠仙（2005）认为在构建方法上实施动态连续的评价，坚持定性与定量、横纵比较相结合的原则；在指标完成上应按超额比例和增长比例考核；在分组上应充分考虑各分行的实际状况且因地制宜；在指标设定上可设核心业绩和综合管理与特别事项两大类指标；在劳动所得上实行有效分配机制促进员工积极性。王伟（2006）认为要制定一套适合衡量政策性金融机构业务特殊性的绩效评价体系就必须明确做到以下几点：考核指标易统计且可量化；盈利性指标要区别于商业性金融机构；注重政策目标实现度的考核；实行政策性贡献同工作业绩、报酬双挂钩。张燕等（2013）认为国际上很多政策性银行所建立的绩效评价体系都必须要求实现政策性和财务可持续性双重目标的统一，而我国政策性银行在这方面也应有所加强，兼顾对政策性与盈利性两目标的均衡考核。如日本公库评价委员会所构建的指标体系由政策性目标实现程度和机构经营绩效两大类指标组成，具体包括稳定资金供应、补充与完善商业性融资活动不足、组织运作情况、机构盈利情况等八项内容。贾康和孟艳（2009）、贾康（2015）认为政策目标实现度是构建政策性金融机构绩效评价体系最为关键的因素，它反映了政策性金融配置社会资源的效率和效果。而盈利性目标作为机构的基本生存保障，也要纳入绩效评价体系当中。这样才能保证绩效评价指标体系的科学合理性构建。卢李和李虹含（2015）通过对国外农业政策性金融成功经验的总结，给出我国农发行建立合理绩效评价体系的启示如下："经营目标"指标要结合农业农村的合理发展需求进行考核；"落实执行国家农业和农村发展政策情况"指标要对贷款投向进行考核；"高级管理人员"指标要对管理水平和工作能力等进行考核。

三、文献述评

通过对上面文献的梳理与回顾，笔者发现有关政策性金融机构现有的绩效评价主要存在以下问题：第一，针对政策性金融机构微观主体绩效评价的文献研究并不多见，即使现有的一些也是围绕着政策性银行（国开行、农发行、进出口行）来展开的，而有关中国信保公司的研究几乎没有，并且相应研究也是深入性较差的。若没有良好的绩效评价机制来导引政策性金融健康成长，那么政策性金融未来的发展将会任重而道远。第二，针对大多数相关文献的查阅与回顾，学者们（王伟，2006、2011；贾康、孟艳，2009；贾康，2015；卢李、李虹含，2015）集中反映的是对现有政策性金融机构绩效评价存在诸多问题的归纳，并相应地给出了自己的看法和可行性建议对策，但始终没有呈现出一套具体可行的绩效评价方案，这成为政策性金融可持续发展的"软肋"。显然，问题的提出固然重要，而问题的解决更是重中之重。可见，当前构建一套合理有效的政策性金融机构的绩效评价体系对深化改革的重要性是不容置疑的，并且这套绩效评价体系也进一步明确了政策性金融的职能定位和功能效应。第三，现有文献的绩效评价方法更多集中于"投入—产出"角度下的经营绩效分析，包括杨晔（2007）、栾义君和马增华（2009）、杨童舒（2012）、张芬（2014）、林春（2016）、王伟和金春红（2016）等学者。根据政策性金融的本质属性和特征，这种局限于完全定量的绩效评价分析方法明显是"水土不服"的，它只能作为绩效评价的一部分，政策性金融的社会效益并没有得到真正的体现，而恰恰是社会效益才能从根本上反映政策性金融机构"强位弱势群体"的最真实特点。缺乏对绩效维度的整体性考察，现有的绩效评价方法对政策性金融机构的综合绩效评价是有失偏颇的，急需构建完善的绩效评价体系，促进其目标的政策实现度。

为了解决上述存在的问题，笔者尝试构建一套较为科学合理的政策性金融机构绩效评价体系，以此来为我国"十三五"规划的金融改革建言献策。首先，本书基于对我国政策性金融机构（三家政策性银行和1家政策性保险公司）的总体概况回顾和经营绩效分析，对该机构绩效评价的现状及存在问题进行了进一步阐述，并针对存在的问题进行具体的成因分析。其次，鉴于政策性金融机构绩效评价不同于商业性金融机构的情况，整合已有学者的建议对策，笔者尝试从三个系统（经济、社会和生态）和两个维度（经营绩效和公共绩效）来构建政策性金融机构绩效评价体系。具体通过专家意见法对其初步构想的指标进行相应的咨询，并对反馈结果进行均值得分统计的处理，根据专家建议和变异系数检验对初选的绩效评价指标进行修改、删除和添加，以此确定修正后的绩效评价指标体系。最后，通过层次分析法确定绩效评价体系中各指标的相应权重，采用模糊评判法对其应用性进行相关的实证案例检验，以确保该绩效评价体系构建的合理性和可行性，并由此发展奠定良好的理论基础，来完善我国"十三五"规划中金融体制的全面改革。

第三节 研究思路与方法

一、研究思路

政策性金融机构的绩效评价是一个涵盖广泛且多层次深入的探讨性

课题，并受到国家社科基金项目"市场决定视角下政策性金融机构改革创新研究"的资助支持，足以验证国家对其发展的重视程度。本书试图以政策实现度评价为重点，通过三个系统（经济、社会和生态）和两个维度（经营绩效和公共绩效）来构建政策性金融机构的绩效评价体系，整体的思路安排也是由此展开的。具体的思路安排如下：首先是对文章研究的背景、意义、国内外相关文献研究现状、思路、方法、主要内容、结构框架以及创新之处进行简要的概述。其次是政策性金融机构的绩效评价范畴和理论基础部分，详细介绍政策性金融机构绩效评价的内涵以及相关的具体理论支撑，为后面所要构建的绩效评价体系奠定了坚实的理论根基。再次是通过对现行政策性金融机构绩效评价的现状及存在的问题进行了成因分析，包括考核意识认知薄弱、评价目标实施不明确、立法保障性不强和监管制度设计较为粗糙等。再其次是本书的核心部分，由三个章节（第四章、第五章、第六章）来完成。第四章主要介绍政策性金融机构绩效评价指标体系的构建原则、思路以及对初步预选绩效评价指标的筛选及最后修正确认；第五章在第四章指标体系构建完成的基础上，确认评价体系中的各评价子指标的权重；第六章是对其所建立的绩效评价指标体系进行相应的实证案例分析，并通过实证结果来论证其所构建的合理性和可行性。最后是本书的研究结论与启示。

二、研究方法

（一）文献检索法

文献检索的工具主要为 SpringerLINK 数据库、EBSCOhost 数据库、WorldSciNet 数据库、Science Online 数据库、中国知网数据库（CNKI）、万方数据库、中国学术期刊数据库、国家哲学社会科学文献中心等。查阅图书主要来源辽宁大学馆藏书目、辽宁省图书馆藏书目等。通过对现有政策性金融机构绩效评价相关文献的梳理与回顾，结合以往相关研究存在的不足和缺陷，奠定了本书进一步深入研究的基础。同时，在理论方法阐述和实证方法应用方面，引用大量相关文献作为论文观点的佐证支撑。并以此资料激发本文的创作灵感，丰富绩效评价体系构建的理论知识和学术涵养。

（二）规范分析法

规范分析方法就是将抽象、复杂的理论进行形象化和模型化的表述。本书分别从市场失灵与国家干预、准公共产品、委托代理、公共选择、系统论、政策评估等理论视角对政策性金融机构绩效评价进行理论分析，并采用多维度评价来诠释绩效的模型化构建思路，使研究更具有操作性。

（三）比较研究法

本书在写作过程中，借助政策性银行（国开行、农发行和进出口行）2001～2018 年报和政策性保险机构（中国信保）2003～2018 年报以及 2002～2019 年的《中国金融年鉴》和《中国保险年鉴》等相关统计数据，对体现该机构经营状况的绩效指标进行了相应的比较分析，为本书所构建的政策性金融机构绩效评价指标体系提供了重要的数理参考依据。

（四）德尔菲专家咨询法

德尔菲专家咨询法由美国兰德公司（1964）提出。它是通过调查得出的具体情况，凭借专家多年来积累下的专业知识和丰富的阅历进行直接或简单的推算，对其展开综合性的分析与探讨，谋求其属性和发展规律的一种预测方法，在评价指标体系构建方面的应用尤为广泛。故此，本书选用该方法来构建政策性金融机构绩效评价指标，具体将通过两轮专家问卷调查反馈意见对最初预选绩效评价指标进行相应的筛选，最终确立较为科学合理的绩效评价指标体系。

（五）实证分析法

计量经济学实证分析的出现，促进了经济学科的发展与演进，因为它能够作为一种更为直观和方便的数量分析工具，对解释问题的原因给出缜密的证明，使得出问题的结论具有较大的可能性。考虑到本书研究所得结论需要更具有说服力和权威性，这里也同样采用层次分析法和模糊综合评判法等实证分析方法，并以农发行 L 省级分行和 H 省级分行作为实证研究对象，进行全面的实证结果分析，以期获得更有信服力的结论。

总之，本书对上面所阐述的相关研究方法进行了综合性运用，分别从理论和实证的角度探讨了政策性金融机构绩效评价指标体系。本书的撰写过程也是对上述研究方法的综合运用过程。

第四节　本书主要内容与结构框架

本书围绕着政策性金融机构绩效评价体系的相关问题展开，与以往研究方法不同的是，本书以定量和定性相结合的方法来构建绩效评价指标体系，并对其进行全面而系统的探讨，以凸显所属机构的公共职能特性。同时，本书也采用了理论与实证相结合的分析框架来进行论述。

第一章是绪论部分。主要介绍了本书研究的背景及意义，并以此为依托引出本书所要展开的研究问题。进一步从研究思路、方法、主要内容、结构框架等方面对研究问题做一个总体的安排规划，并从构建角度、指标和方法应用方面阐述本书的创新和不足之处。

第二章是政策性金融机构绩效评价的范畴及理论基础部分。主要介绍政策性金融机构和绩效评价的相关概念范畴，并以此来界定政策性金融机构绩效评价的内涵及特点等。通过对相关理论的梳理与总结，进一步从市场失灵与国家干预、准公共产品、委托代理、公共选择、系统论、政策评估等角度为本书奠定理论基础。

第三章是我国政策性金融机构绩效评价现状、问题及成因分析部分。基于对我国政策性金融机构（三家政策性银行和一家政策性保险公司）的总体概况回顾和经营绩效分析，对该机构绩效评价的现状及存在的相关问题进行了进一步阐述，并针对存在的问题进行具体的成因分析。

第四章是我国政策性金融机构绩效评价指标体系构建部分。本章主要以三个系统（经济、社会和生态）和两个维度（经营绩效和公共绩效）为基准构建框架进行具体的指标体系构建。首先，通过基本理论、已有研究和国际借鉴对政策性金融机构绩效评价指标进行初步预选。其次，通过两轮专家调查问卷和变异系数检验对最初预选指标进行严格的筛选，并结合专家修改意见对初选评价指标进行删除、修改和添加等修正，最终确定修正后的政策性金融机构绩效评价指标体系。最后，对构建和评价标准做了进一步的说明。

第五章是我国政策性金融机构绩效评价指标体系权重设计部分。在第四章已确定的政策性金融机构绩效评价指标基础上，通过采用层次分析法对权重进行设计。首先，对所采用定权的层次分析法进行具体的说明，包括该方法应用的基本思路和基本步骤等。其次，根据专家对已确定的政策性金融机构绩效评价指标体系的打分情况进行统计与整理，并采用 yaahp6.0 软件进行相应的绩效评价指标权重测算，并对结果进行具体的分析。最后，对专家咨询的可靠性进行相应检验，以保证所给出判断的权威性和一致性。

第六章是我国政策性金融机构绩效评价指标体系的应用部分。在第五章已确定的政策性金融机构绩效评价指标体系权重的基础上，进一步采用模糊综合评价法对农发行的 L 省级分行和 H 省级分行两家机构进行综合绩效评价。首先，对绩效评价指标体系的具体应用思路进行简要的说明。其次，对所应用的模糊综合评判法的具体操作步骤等进行简单介绍。最后，根据专家对两个省级分行的评价结果进行统计与整理，按照模糊综合评判法的具体步骤进行相关的实证检验，并对结果作出具体的分析。

第七章是研究结论与启示部分。通过对前面政策性金融机构绩效评价指标的构建、权重设计和应用得出的相应结论进行汇总，进一步给出相应的政策建议，并基于书中存在的研究不足指出未来继续努力创作的方向。

在上述对本书所研究的主要内容进行了详细的阐述之后，将进一步对其结构框架进行相应的设计，如图1-1所示。

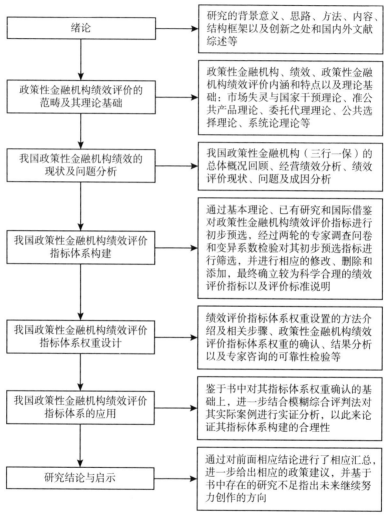

图1-1　本书结构框架

第五节　本书创新与不足

一、创新之处

第一，通过对国内外文献的梳理与回顾，不难发现专门系统地研究政策性金融机构绩效评价问题的成果较为鲜见，本书尝试弥补这个空白，基于已有的绩效评价分析理论框架，从三个系统（经济、社会和生态）和两个维度（经营绩效和公共绩效）来构建我国政策性金融机构绩效评价体系。

第二，本书通过两轮专家调查意见的反馈结果，采用专家建议和变异系数检验相结合的方法对初选政策性金融机构绩效评价指标进行了相应的修正，最终确定出了较为科学合理的绩效评价指标体系，使其更具有信服力和权威性。

第三，基于已确定的政策性金融机构绩效评价指标体系，进一步通过层次分析法对其进行了权重设计，并在此基础上，采用模糊评判法对绩效评价体系的应用进行了相应的实证检验，以此来论证所构建绩效评价指标体系的合理性和科学性。

二、不足之处

第一，鉴于我国政策性金融机构成立时间较短，其绩效研究仍然处于起步阶段，对于书中所构建绩效评价指标体系框架有待进一步检验和完善。

第二，对于书中所选用的专家意见法和层次分析法确认指标权重，只能作为构建绩效评价指标体系的一类方法的参照。同时，还要采用其他的绩效评价方法，以通过方法的多样性应用来校正我国政策性金融机构绩效评价体系的科学性。

第三，由于笔者的研究能力有限，对于书中绩效评价指标的选择依然存在一定的片面性，还需要不断的弥补和完善，期待在今后的研究中进一步深入探讨。

第二章

政策性金融机构绩效评价的
范畴及理论基础

第一节　政策性金融机构绩效评价相关概念的界定

一、政策性金融机构

据相关历史资料记载，政策性金融活动开展得较为久远，从古代先秦时期的政策性赊贷业务的"雏形"到 15 世纪意大利成立专门为弱势群体服务的公立银行，政策性金融发展经历了一个具有标志性意义的转折性蜕变，开始以真正的政策性金融机构形态服务于社会发展浪潮之中。这期间经历了三次黄金发展阶段，分别是 20 世纪 20～30 年代、"二战"以后到 60 年代和 2008 年国际金融危机（美国次贷危机）以后至今，这也彰显了政策性金融对恢复经济发展所发挥的重要作用，并再次捍卫其服务国家政治需要的社会地位。随着各国经济发展需要，其对政策性金融机构的强化地位也表现得越来越强烈，我国也相继成立了三家政策性银行（1994 年 3 月 17 日成立国家开发银行、1994 年 11 月 8 日成立中国农业发展银行、1994 年 7 月 1 日成立中国进出口银行）和一家政策性保险公司（2001 年 12 月 18 日成立中国出口信用保险公司）。至此，政策性金融真正融入我国金融发展体系当中，并服务于当前实体经济的政策发展需要，涉及援助项目非常广泛，包括国家基础建设、中小企业融资、西部大开发、东北振兴、"一带一路"建设、企业走出去战略、促进城镇化发展、国家助学贷款、三农、节能减排、住房保障、灾后重建等，这些都足以见证政策性金融对我国经济增长和实现国家长期发展战略的突出贡献。

（一）政策性金融机构的概念

通过对相关文献和专著的查阅与梳理，笔者发现有关政策性金融的系列研究主要集中于白钦先和王伟等几位学者。白钦先和曲昭光最早对政策性金融机构进行了定义，他们在 1993 年出版的《各国政策性金融机构比较》中这样写道，政策性金融机构是指那些多由政府创立、参股或保证的，不以营利为目的，专门贯彻、配合政府社会经济政策，在特定的业务领域内，直接或间接地从事政策性融资活动，充当政府发展经济和促进社会进步的宏观经济管理的金融机构[①]。2013 年白钦先和王伟又在其出版的著作《政策性金融概论》中对政策性金融机构的概念采取了进一步的修正，将"由政府创立、参股或保证的"修正为"由一国政府或政府机构发起、出资创立、参股、保证或扶植的"，将"不以营利为目的"修正为"不以利润最大化为其经营目标"，更全面地体现了政府参与政策性金融机构组建的重要性，突出了政策性经营原则[②]。2016 年王伟又再次对其概念进行了完善，将"强位弱势群体"的概念进一步纳入原有概念当中，体现了该机构对弱势群体扶植作用的重要性，并强调该机构是在国家信用保障和法律规范下直接从事政策性融资活动的非营利性公共金融机构[③]。

---

① 白钦先、曲昭光：《各国政策性金融机构比较》，中国金融出版社 1993 年版，第 27 页。
② 白钦先、王伟：《政策性金融概论》，中国金融出版社 2013 年版，第 55 页。
③ 王伟：《围绕宗旨推动政策性金融机构改革》，载《中国经济时报》2016 年 11 月 17 日。

综上所述，笔者对政策性金融机构的定义有了更深刻的理解和认识，并且非常认同上述学者们对概念的界定。本书的政策性金融机构是指由政府机构完全出资创立的，以服务国家发展战略为政策目标导向，向特定需要发展的业务领域提供有偿、优惠的资金补给，保证政策性融资活动有效开展的非营利性金融机构。该机构的主体仍然是"三行一保"，即国开行、农发行、进出口行和中国信保。

（二）政策性金融机构的特征

从以上概念可以看出，政策性金融机构因其独特的性质，既不同于完全以利润最大化为经营目标的商业性金融机构，也不同于无偿拨付且不计任何效益的公共财政机构。它具有以下五个方面特征。

1. 政府的控制性。

政府的控制性主要体现在资本构成上。可以说各国组建的政策性金融机构大多数都是政府出全资的，如日本的"二行九库"、韩国开发银行、美国开发银行、印度国家农业和农村开发银行和英国出口信贷担保局等。也有政府部分出资同中央银行和商业银行组建的，如澳大利亚资源开发银行、澳大利亚联邦储备银行、法国对外贸易银行和德国出口信贷有限公司等。也有政府部分出资与民间资本或私人组建的，如法国农业信贷银行、美国合作银行和新加坡开发银行（政府出资49%，民间出资51%）等。也有利用政府特殊信用组建的，如美国联邦存款保险公司等。也有民间自己出资筹建的，但政府给予了特殊的支持和援助，如菲律宾开发银行、美国私人出口基金筹措公司等。可见，不管以什么样的出资方式组建的政策性金融机构都离不开政府的支持，都与政府形成了"唇亡齿寒"的关系。

2. 不以营利或利润最大化为经营目标。

与商业性金融机构不同的是，政策性金融机构不追逐利润，以保本微利为经营目标。这是因为在许多情况下政策性金融业务的非营利性与商业性金融业务的营利性是相冲突的。在一个国家或地区中，其经济与社会的均衡化发展是至关重要的，但是仅依靠市场机制的作用，则会产生发达地区越发达、落后地区越落后的"马太效应",资金从落后地区或行业流出,向发达地区或行业流入,从而远离宏观经济发展的目标。在这种情况下,依靠以利润最大化为目标的商业性金融机构是不能解决问题的,进而需要政策性金融机构从宏观经济需要和国家发展战略出发,向发展落后的地区或行业输送资金和政策扶持,并且不以营利为目的,若发生亏损,则需要政府给予补贴或债务硬担。这里我们所说的不以营利为目的,并不意味着政策性项目没有效益性,即一点也不营利或者完全亏损。相反,实践表明国际上大多数此类金融机构的经营状况良好,具有较好的自我发展能力。

3. 具有特定的业务领域与服务对象。

政策性金融机构严格遵循政策性制度宗旨,关注国计民生,以服务强位弱势群体为己任,在特定的领域或行业内进行政策性融资活动。特定的领域或行业一般涉及农业、经济开发、中小企业、进出口贸易等,其所针对的并不是该领域或行业中的所有项目,而是与特定产品、技术和对象有关的项目。政策性金融机构和商业性金融机构各担其职,相互补充,相互促进,前者一般不与后者相竞争,不取代后者的地位,只是弥补其不足而已。

4. 遵循特殊的融资原则。

与商业性金融机构相比,政策性金融机构由于使命、宗旨、责任以及目标的不同,具有特殊的融资原则。主要表现在以下几个方面:第一,特殊的融资条件或资格。从政策性金融机构获得融资资格必须满足从商业性金融机构得不到或者很难得到所需资金这个前提条件,其融资对象应该是国家经济发展需要扶植和鼓励的。第二,特殊的优惠性。政策性金融机构提供的融资服务具有以下特点:贷款期限长,利率低,非营利性。主要表现为:主要提供中长期资金支持;提供低于同期同类商业性贷款利率;为政策和经济战略服务,不以营利为目的;以及在整体资金短缺的条件下贷款的可获得性,这一点在中国尤其突出。第三,充当最后贷款人或最终偿债人的特殊角色。为了鼓励、支持和推动更多的金融机构为国家经济发展战略服务,政策性金融机构对其他金融机构所从事的政策性贷款项目提供偿还担保、利息补贴或再融资，这就扮演了最后贷款人（再融资）和最终偿债人（担保人）的特殊角色。第四，与商业性金融机构相互补。政策性金融机构在为经济政策提供支持的同时，补充和纠正商业性金融的不足，引导商业性金融机构对政策性项目进行投资。虽然政策性金融机构不以营利为目的，但并不表示政策性金融机构要亏损经营。因此，在对相关项目进行甄别时，应将风险控制在可控的范围内，既不能拒绝全部的风险项目，也不能盲目的提供贷款。

5. 依据特殊的法律、法规。

鉴于政策性金融机构具有的特殊功能和性质，普通的商业性金融机构的法律、法规是不适用的。又考虑到各家政策性金融机构的经营模式、业务领域和服务范围等都是有所区别的，应该制定适合各自的法律、法规指导其政策性活动的开展，以保证政策目标的实现。很多国际上政策性金融机构成功经营案例也是按照此种方式来制定的。

二、绩效

（一）绩效的概念

绩效应用的学科领域非常广泛，不同的学科领域对其理解是有差异的。经济学将其理解为员工对组织的承诺，它与组织对员工的承诺即薪酬是相对等的；管理学将其理解为组织为实现其目标而展现的不同层面上的有效输出；社会学将其理解为社会成员按社会分工所确定的角色承担的职责。

尽管绩效的实践早已蓬勃展开，但目前理论界有关于"绩效"的内涵仍未能达成一致的看法。有关字典相关的解释：（1）韦伯斯特新世界词典解释为：正在执行的活动或已完成的活动；重大的成就。（2）现代汉语词典解释为：建立的功劳和完成的事业；重大的成就。可见，字典中的解释都强调绩效的结果性，而（1）还强调绩效的过程性。有关机构的相关解释：（1）经济合作与发展组织（OECD）对其解释为：绩效是所获得的有效性，是实施一项活动所获得的相对于目标的经济性、效率和效力。（2）英国的效率小组对其解释为：绩效既是一项活动实施的行为过程，又是行为结果，它包括投入和产出的合理性、协调性以及有效性。有关学者的相关解释：（1）坎贝尔（Campell JP，1970）认为，绩效是个体为实现目标所进行的行为，而非结果。（2）伯纳丁等（H. J. Bernandon et al.，1984）认为，绩效是一种"结果记录"。（3）里德·贝茨和埃尔伍德·霍尔顿（Reid A. Bates & Elwood F. Holton，1995）认为，绩效会因观察和测量的维度不同而产生不同的结果。（4）戴维·奥特利（David Otley，1999）认为，绩效既是实现目标的过程也是结果。（5）姆维塔（Mwita，2000）认为，绩效是一个综合的概念，它包括三个要素，即"行为、产出和结果"。（6）普雷姆詹德（2002）认为，绩效的概念包括"节约、效率和效益"。（7）杨蓉（2002）认为，绩效是一种客观存在且可辨认的结果。对于学者有关绩效的界定，笔者在这里不能一一罗列，只能摘抄一些重要的学者观点。但对于这里绩效的界定，我们会发现一个规律性的问题，就是始终围绕着绩效是表示"行为或过程"还是表示"结果"来展开讨论的。

笔者认为，从绩效的本质来看，绩效表示结果。"绩效"是"绩"与"效"的结合，表示"业绩、成绩"和"效率、效果"，用来衡量一项活动实施的成果。在英文含义中，可以被解释成执行、表现、成效和成绩。"表现""成效"和"成绩"都表示的是结果。而"执行"虽然表示的是行为和过程，但它是由一系列子过程的结果构成的。比如要考察银行员工对某项业务的执行情况，是否在规定的时间内完成全部的规定步骤。从业务办理的全部流程来看，这是对业务办理中的某一流程的执行效果的考察，事实上，银行员工是否"在规定的时间内完成全部的规定步骤"这本身就是员工的执行结果。本书所阐述的政策性金融机构完成的目标任务是"绩"，完成的目标任务所带来的社会正面效应是"效"。

（二）绩效的分类

（1）根据产生绩效行为的主体不同，将绩效分为以下两种：一是以组织、团队为行为主体的组织绩效；二是以个人为行为主体的个人绩效。上述绩效分别关注不同主体对目标的实现程度及达成效率。

（2）根据绩效内容不同，将绩效分为以下三种：以经营情况、运营情况、偿债情况和市场情况等为核心的财务和市场绩效；以顾客、客户和消费者为核心的产品和服务绩效；以公司治理、人力管理等为核心的运作绩效。

（三）绩效的特征

1. 衡量投入和产出关系。

任何性质的工作都存在投入与产出，以较少的投入获得较大的产出一直是管理者的目标。因此，作为对目标实现程度及效率的衡量与反馈，绩效肯定需要体现投入和产出的关系。

2. 质与量的结合。

任何事物的发展都离不开质与量，绩效作为事物发展的衡量与反馈，既要能衡量数量，又要能体现质量，例如衡量生产了多少产品、产品的质量以及客户满意度等。

3. 主客观性相结合。

绩效的考核对象、测评标准都是客观存在的，而测评标准的制定、测评结果的评价以及打分等都是需要主观判断的。例如，饭店对厨师进行绩效考核，厨师是考核对象，他是客观存在的，而顾客对厨师做的菜品是否满意，则取决于不同顾客的不同口味，这是需要主观判断的。因此，绩效是主观和客观的结合。

4. 经济效益和社会效益相结合。

从经济效益来看，绩效可以描述员工的工作行为和结果，有利于企业对员工进行管理，提升员工的积极性和企业的经济效益；从社会效益来看，绩效可以体现积极向上的工作态度，引导员工爱岗敬业、拼搏进取，从而形成正确的价值观、社会观。

5. 存在定量和定性指标。

绩效指标可以根据其性质不同分别进行定性和定量，例如企业的盈利能力可以量化为净利润率，而顾客对企业产品的满意程度则不可量化。

（四）绩效管理

绩效管理强调组织和个人目标的一致性，体现着以人为本的思想，其目的是提升组织和个人的成绩、效果。绩效管理是一个包括计划、辅导、测评和反馈的循环过程，其中最核心的过程是绩效测评。绩效测评机制的存在，能够有效促进组织的健康发展，促进个人、组织之间有效竞争，促进积极向上、公平竞争等健康的社会价值观的传递，从而推动宏微观经济的健康可持续发展。因此，不论是个人，还是组织和团体部门等，都应该进行相关的绩效管理，并进一步优化其管理系统，构建科学合理的绩效管理体系。

三、政策性金融机构绩效评价及特点

（一）政策性金融机构绩效评价的概念

政策性金融机构绩效评价是指以政策性金融制度宗旨和业务性质为依据，按照一定的标准或指标，采用定量和定性相结合的方法，对所属机构经营目标的实现度进行综合的评价管理，实现其内部运行的有序动态调整，促进政策性经营效率和效能的提高，保证政策性经营活动的有效开展，优化社会公共资源的合理性配置，以此来确保国家政策意图的完成。随着我国经济发展步入新常态化，政策性金融机构要想生存和可持续发展，就必须具有战略眼光和核心竞争力，这样才能解决各种问题，迎接新的挑战。同时，急需建设与之相匹配的绩效评价思想和体系。

（二）政策性金融机构绩效评价的特点

在金融市场供给模式上，政策性金融与商业性金融和公共财政是并存的，它既同后两者有某些相似之处，又存在很多不同之处，从而形成其独有特征和鲜明职能。笔者尝试从三者的运行特征、资金来源、投放领域、使用效益、主要功能、经营目标等方面进行多维度比较，以此来体现政策性金融机构绩效评价的特点（见表2-1及图2-1）。

表2-1 政策性金融、商业性金融和公共财政的区别

概念方面	运行特征	资金来源	投放领域	使用效益	主要功能	经营目标
公共财政	无偿性	财政收入	提供公共产品的领域	较低	分配调节	社会效益
政策性金融	有偿性	财政拨款、央行优惠贷款和发行金融债券	提供准公共产品的领域	较高	辅助建设和完善市场	社会效益
商业性金融	有偿性	公众存款、自有资本金及附属资金	提供一般商品的领域	高	建设市场	经济效益

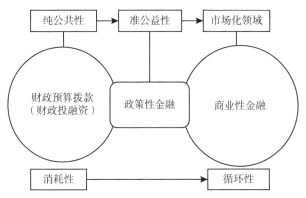

图2-1 政策性金融、商业性金融与财政预算供给和关系

我们所要构建的政策性金融机构绩效评价指标体系必须要与实际的发展状况和经营目标相符合。同时，在对政策性金融机构的绩效管理时，应该更多的将相关的社会效益考核指标纳入进来，以此来体现政策性金融机构的公共性质，这与商业性金融机构利润最大的考核目标有明显的区别；该机构虽然不以营利为目的，但也要坚持保本微利的经营原则，这又同完全基于社会效益考虑的公共财政有了进一步的区别。政策性金融的具体特点如下：首先，绩效考核突出性。政策性金融机构是利用国家的信用手段实现资金的融资，以此来扶植国家因政策需要所发展的相关弱势产业或项目，并为其提供优惠、长期的有偿贷款。这样可以克服政府财政部门无偿拨款所带来资金使用的低效率，在存在帕累托改进的情况下，政策性金融手段恰好为其弥补弊端，既实现国家政策目标又提高资金使用效率，并带来了很好的社会效益性，因而将政策性金融机构的相关社会效益指标纳入绩效考核的突出部分是非常重要的，这样才能够充分体现出政策性金融机构的本质属性和功能。其次，绩效考核特殊性。政策性金融机构的特殊性主要表现为其政策性，集中体现在国家对强位弱势范畴内的地区、产业、项目或群体的金融支持和扶植，以此来实现政策目标，因此该政策目标的实现程度也就体现了对其评价的特殊性。最后，绩效考核全面性。为了保证绩效考核的全面性和准确性，要求对绩效考核既不能像商业性金融机构完全依赖经营绩效为核心，也不能像国家财政无偿拨款完全围绕的公共绩效为导向，应该兼顾两者绩效考核的多维度融合，合理的分配其绩效评价指标的权重，彰显政策性金融机构建立的初衷和目标，并促进地区协调发展和产业结构合理化回归，实现国家的政策意图。

综合上面所论述的政策性金融机构绩效评价特点，我们对书中所构建的评价指标体系有了更清楚的认知，这样安排的绩效框架更为合理、有效，所选择的绩效指标也更为精准、恰当，充分体现政策性金融机构绩效评价指标体系设计的科学性和合理性。

第二节 政策性金融机构绩效评价研究理论基础

一、市场失灵与国家干预理论

《就业、利息和货币通论》在 1936 年的问世，意味着宏观经济学正式进入研究轨道，同时也确立了国家干预经济的合理性。凯恩斯认为如果将资源的配置完全交由市场这只"看不见的手"来完成，那么资源无法实现最优配置因而需要国家这只"看得见的手"的配合。资源的最优配置既需要市场的基础性调节，又需要国家的宏观调控。只有两者作用共同奏效，才能实现资源的有效配置。从凯恩斯革命学派到新古典综合学派的演进，市场失灵的特征仍然鲜明地存在着，即市场机制在对资源进行配置的过程中存在着局限性，因而在促进经济发展的过程中存在较多缺陷。金融市场作为现代市场经济资源配置的核心力量，也同样在资源调配的过程中存在失灵的现象。具体表现如下：一是偿付资金利息能力不足，即某些宏观效益、公共效益和社会效益比较浓的国家政策需要发展项目，包括"三农"发展、棚户区改造、助学贷款，等等。二是贷款的可得性，融资难和融资贵一直困扰着我国中小微企业的发展，而目前中小微企业数目却占到总企业数目的 90% 以上，默默地发挥着经济增长的主力军作用，如果不能及时获得自身成长的贷款，可能会面临着出局的危险。三是融资主体的风险较大和承担能力较弱，表现为信用度、安全度等不达标的项目很难获得商业性金融机构的支持和援助。政府为融资主体提供政策性融资，可以有效弥补市场融资方式的缺陷，将融资主体因为承担更多社会责任而损失的经济利益，由政府提供政策性融资而得到有效补偿，进而激励融资主体继续开展具有"正的外部性"的经济活动。政府的具体措施包括对融资成本（资金利息）支付能力不足的项目进行贷款利息贴补、税收豁免；对贷款可得性不足的企业进行政府增信、政策倾斜等；对融资主体风险承担能力不足的项目进行贷款担保、政策性保险等。而政府所设计的政策性金融机构融资机制并不是完全同市场相脱离的，而是将财政的"无偿拨付"和金融的"有偿借贷"进行巧妙融合所形成的一种独特的融资机制，并以此来促进国家长期战略目标的实现。尽管各国的经济体发展正在向更高层次迈进，但是这种机制的功能和作用仍然没有被淡化，一直发挥着辅佐市场经济的作用，从发达经济体的美国和日本到新兴经济体的中国和印度，显然，政策性金融的发展对国家的政策调整具有战略性的意义。

二、准公共产品理论

在市场经济中，需要由市场和政府调配的产品主要可分为三类，即私人产品、准公共产品和纯公共产品。其中，准公共产品的属性特征介于私人产品和纯公共产品之间，因而其经营效益也是如此。具体表现在所带来的内部直接经济效益普遍较低和外部间接净正效应显著的尴尬局面，但准公共产品仍然是必不可少的，并且不能完全交给市场来供给。其原因是：若完全交给市场，则消费不足问题就会产生；若单纯交给政府财政机制来配置，则内部直接经济效益就会更低。政策性金融机构作为准公共产品的供给者，其市场化运作也在逐步实现和完善。我国政策性金融机构的主体是三家政策性银行（国开行、农发行和进出口行）和一家政策性保险公司（中国信保），在其不同的职能定位上提供与其相匹配的准公共产品，故经营效益能力也不尽相同。从市场化和商业化的角度，国开行和进出口行要好于农发行，并且国开行很好地利用市场化运作模式来拓展政策性业务和强化政策性功能，其整体经营绩效水平相对较高。政策性金融机构与商业性金融机构之间存在显著的差异，但是当前的政策性金融机构绩效评价体系较为泛泛，仍然不够科学有效。鉴于政策性金融机构的特殊性质，应该着重从社会效益等诸多方面来构建其绩效评价体系，以此来体现政策性金融的政策性目标实现度。

通过上面的理论基础，对其展开进一步的相关市场供给分析。市场上所提供的准公共产品需要消费者付费，用以弥补生产成本，这样才能保持其提供产品的可持续性。显然，这种供求模式也同样遵循市场等价交易原则，即市场上供给者和需求者是平等的，买卖产品这种市场行为必须遵循等价交换的原则。因而，准公共产品的供给体现了市场交易中的等价交换关系。这使那些产生正外部效应的准公共产品由于成本难以得到弥补而不可持续，因而完全依靠市场力量调节无法实现准公共产品的最优供给。由于政策性金融是具有正外部性的准公共品，所以它的供给完全通过市场提供是无法达到帕累托最优的。

如图 2 - 2 所示，假设政策性金融产品的提供者为 k，其边际成本和边际收益分别为 MC_k 和 MR_k。当边际收益和边际成本相等时（$MR_k = MC_k$），供给者 k 提供了最优的政策性金融产品数量 Q_k，这时产品提供者本身也获取了最大化的利润。假设政策性金融机构能给 h 个单位带来外部经济效益，则由政策性金融机构产生的总的外部经济效益为 $\sum MR_j(j = 1, 2, \cdots, h; j \neq k)$。按照社会最优要求，政策性金融产品的最优供给量为 Q^*，这时达到完全竞争市场的均衡，社会供给等于社会需求（$MC_k = MR_k + \sum MR_j$）。

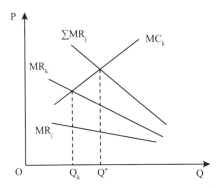

图 2 - 2　准公共产品正外部性引起的福利损失

如图 2 - 2 所示，k 为了实现自身利润的最大化，他对社会最优供给是漠视的，仍然选择利润最大化时，即边际收益等于边际成本

（$MR_k = MC_k$）条件下所确定的自身最优的供给量 Q_k。此时，由市场提供的政策性金融产品供给无法满足社会对其的最优需求，故存在缺口，这一缺口的余额为 $\Delta Q = Q^* - Q_k$。如果非市场的供给方式不能弥补这一缺口，那么，对于政策性金融市场供给是无效率的，并造成了相应的社会福利损失。其损失表示为：

$$\Delta B = \int_0^Q \left[\sum MR(Q) - MR_k(Q) \right] dQ - \int_{Q_k}^Q \left[MC_k(Q) - MR_k(Q) \right] dQ$$

在理性经济人的假设前提下，个人实现的效用最大化也就是企业实现的利润最大化。利润最大的原则是 $MR_k = MC_k$，当 $MR_k \neq MC_k$ 时，就会存在通过改进供给方式来增加自身的利润。企业按照这一原则来确定产品市场的均衡产量 Q_k，此时的 $Q_k \neq Q^*$（Q^* 为社会实际需要的产量），而是 $Q_k < Q^*$。由此分析可以推断，若政策性金融产品供给完全依托市场来决定，必然会产生供给不足的问题，这样就会导致该种资源的配置效率非常低，并造成此种资源的极度浪费，不能有效地发挥其所属的政策职能作用。因此，为了探讨更为有效的政策性金融供给模式，增加政策性金融服务实体经济的效率，全面提高社会福利水平，对政策性金融机构进行有效的绩效评价是非常重要的。

三、委托代理理论

委托代理理论最早是由美国学者伯利和米恩斯在 20 世纪 30 年代创立的，它属于制度经济学契约理论范畴之一。委托代理是指一个经济体按照契约要求获得相应的报酬和被授予相应的权利，并以此为其他经济体提供有效代理服务的一种经济行为。在信息不对称的情况下，拥有信息优势的一方通常是代理方，委托方处于信息劣势。因而，委托方通常是主动设计契约的一方，而代理方往往只能被动接受契约或者拒绝契约。委托代理关系的基本条件包括委托代理双方的经济行为都是理性的、双方的目标函数不一致、双方所获取的信息不对称、双方的责任风险不一致。在委托代理过程中，双方的根本目的就是使自身获得最大化的效益。由于利益索取权与权利行使权的分离，委托代理中的委托人可能要面临道德风险。因此，委托人要想使自己获取的利益最大化，就需要制定科学合理的激励和监督机制，从而有效规避道德风险并降低代理成本。具体过程如图2－3所示。

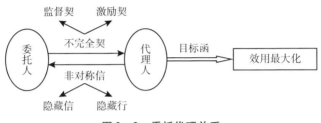

图2－3　委托代理关系

与私人投资项目相比，政策性金融机构进行的投资项目具有公共属性，因而投资过程中发生的委托代理关系也更为复杂。政策性金融机构主要是由财政拨款或政府参股设立的，故其所属公共产权下的委托代理关系分为两个层次：第一层次委托代理关系是社会公众作为委托方将全民所有财产交给代理方即政府代理；第二个层次委托代理关系是政府作为中间委托方将政策性金融产品的供给委托给政策性金融机构作为政府的代理机构来完成。故此，政府在其中扮演着委托方与代理方的双重角色。有些特殊的情况，政府在其公共投资的项目中因兼顾参与者、组织者和监管者等多重身份而形成绝对的行政垄断代理模式。公共权力委托代理过程中因其难于对受托方的权利进行有效制约，进而导致受托方存在滥用权利的现象，例如公共投资工程中存在的腐败现象，使得委托代理关系失效。政策性金融机构在投资公共项目的整个过程中，因其所处的垄断地位和与需求方信息缺少有效衔接，故产生了管理不当、效率低下和国有资产流失严重等问题。因此，解决委托代理失效所产生负面影响的关键就是要引入有效的绩效评价体系，通过该体系可以实现对受托方的有效约束与管理，并提高委托方的目标实现程度。

委托代理理论对绩效评价产生的重要影响，主要体现在以下几个方面：（1）委托代理理论是政策性投资项目绩效评价产生的理论基础。该理论认为，人们因所拥有的财产规模足够庞大而无法亲自参与经营和管理，导致了财产所有权与经营权上的现实性分离，形成了财产委托方有必要对其代理方实行监督的客观需要。委托方在经营管理上不能对代理人履行的责任和财务信息的披露等实施直接而有效地监督，造成了双方在多维度情况下的有效信息分离，此时需要一个独立的中介机构来协助，故此产生了绩效评价。绩效评价对代理方履行经济责任的作用主要表现在对其过程和结果的监督，而委托方在实践中更看重的是结果，结果是对代理方是否履行承诺做出的最直接的反馈信息。受纳税人委托对政策资金筹集和使用的政策性金融机构，在实施政策性项目的投资时，有必要对社会效益目标的实现程度进行衡量，以此来对其进行有效的绩效评价管理。（2）委托代理理论为实行政策性项目投资的职能机构的合理性定位提供理论分析依据。第一层次代理关系分析，着眼于如何调整和完善政府的管理制度来实现对代理效益的提升，并以此来促进政策性投资项目综合绩效的提高；第二层次代理关系分析，政府既作为社会公众的代理方又作为政策性投资项目管理机构—政策性金融机构的委托方，必须将其责任、权利和职能等进行清晰地划分，以此来保证对政策性项目投资绩效的稳步提升。（3）委托代理理论有利于解决委托方与代理方在实施政策性公共投资项目时的信息不对称问题。政府作为政策性投资项目管理的委托方，容易滋生行政能力腐化并产生监督管理的"无人区"，而政策性金融机构作为投资项目执行机构的代理方，具有熟练掌握项目融资需求方有效信息和直接控制资金流向的优势。在这种双方信息不对称的情况下，大大地削弱了委托方对代理方的监督能力，导致代理方对风险控制能力和综合效率改善的积极性下降，进而使双方的委托代理关系失效。在此背景下，急需明确委托代理双方的权责，构建出一套科学合理的政策性金融机构绩效评价体系，以此对政策性目标的实现程度作出最有参考价值的判断，保证该机构的可持续经营和长期战略发展。

四、公共选择理论

公共选择理论于 20 世纪 40 年代末产生，相继在 50 ~ 60 年代形成基本原理和框架，其学术影响力在 60 年代末开始逐渐显现。真正奠定公共选择理论基础的是邓肯·布莱克（1948）这本《论集体决策原理》专著的出版，该书对集体如何作出决策进行了详细的阐述。为了进一步推动该理论的发展，他于 1958 年又出版了具有权威性的代表作《委员会和选举理论》。该理论研究对美国经济学家詹姆斯·布坎南影响颇为深厚，在他六十多年的学术生涯里，学术成果极为丰富，在他出版的几十本著作和发表的几百篇文章中，渗透了公共选择理论研究的方方面面，促进了该理论的进一步完善与发展，并使其达到一个空前的高度。詹姆斯·布坎南（1954）发表的《社会选择、民主政治与自由市场》文章以及同戈登·塔洛克（1962）合作撰写的《同意的计算：立宪民主的逻辑基础》一书也一直被视为该理论的经典之作。他因在该理论方面所取得的突出贡献和卓越成就，被授予了 1986 年度的诺贝尔经济学奖。

公共选择理论是一门融入了经济学和政治学内容的新兴交叉学科，它通过运用规范的经济学分析方法来研究政治决策机制的内在运作机理。公共选择理论认为，组成人类社会的两个市场分别是经济市场和政治市场。其中消费者和厂商是经济市场的主要参与者，而政治市场的参与主体分别是选民、利益集团、政治家和官员。在经济市场上，人们将自己的货币支付给那些能够给他们带来最大经济效用的私人产品；在政治市场上，选民会主动将选票投给那些能够给自己带来最大利益的政治参选者和政策法案。社会活动中的个体，做出的前一类行为依赖于经济决策，后一类行为依赖于政治决策。该理论进一步认为，一个个体可以同时参与经济和政治两个市场上的活动，而且该个体在两个不同的市场采取的行为都将拥有相同的动机，即如果该个体追求自身在经济市场上获取最大化的利益，则他在政治市场上也会自动追求自身利益的最大化；同一个体如果在两种市场中拥有不同的动机进而追求不同的目标，这在逻辑上是不合理的；因而政治和经济完全对立的"善恶二元论"是不可能正确的。传统上西方经济学和政治学这两个学科之间存在明显的隔离，公共选择理论为了将二者纳入一个统一的框架体系进行分析，采用了经济学的基本假设和分析方法来分析一个人的经济和政治两个方面的行为，从而建立了一个新政治经济学体系。其理论观点具体阐述如下：

1. 公共选择理论是基于非市场决策环境下所开展的经济学研究。

以市场和非市场两种决策环境作为切入点，将经济交易和政治决策共同纳入单纯的私人利益分析模式中，并对此采用经济学方法来分析消费者对公共产品偏好意愿的需求。同时，需要注意的是：市场决策环境下的供需双方，决策权利平等且交易自愿；而非市场决策环境下的供需双方，决策权利不等（供给方权利较高）且交易强制。

2. 公共选择理论是一种官僚经济理论。

通过该理论所赋予的理性经济人假设去分析传统公共行政模式中存在的问题，得出结论如下：（1）政府产出的非市场特征导致其效率偏低。（2）完全成为人民好公仆的理想化官僚是不存在的。（3）"韦伯模式"下的规章制度导致政府官员的消极情绪和创造力缺失。（4）官僚在切身利益可图的情况下会直接或间接地干涉公共权利的行使，进而会产生寻租和腐败的现象。

3. 政府失灵是公共选择理论必然要接受的"宿命"。

政府失灵是指在政府活动中所表现出来效率偏低和结果较差的一种局面。其主要体现在政府的行为、作用和职能等方面的失灵。导致该行为的发生是主观与客观两种因素的融合，如主观上的怠慢情绪、图利的寻租行为等，如客观上的政府运作系统庞大导致效率偏低、政策本身的复杂性等。

4. 需要给出公共选择的原因。

公共产品和外在效应问题为其给出了有力的原因解释。具体如下：（1）偏好显示问题。由于对真实的公共产品需求无法从市场获得，故对其具体生产产品的种类、步骤和用途等需要通过集体选择来完成。

（2）信息问题。政府获得"充足信息"的局限性，折射出公共选择能够解决外在效应问题的合理性。（3）交易费用问题。昂贵交易费用所带来的低效率会抑制外在性市场的创立和运营，这时只有通过公共选择才能对外在性问题加以排解。

综上所述，公共选择理论对政策性金融机构绩效评价的意义是重大的。体现如下：首先，通过公共选择理论分析了政府与市场之间存在的盲区，并提出了相应的治理措施，有效地避免政策性金融机构管理活动的低效率，为其制定一个行之有效的绩效评价体系奠定了良好的基础。其次，硬化决策规章制度。目前，我国政策性金融项目的决策规章制度仍然不完善，规章条文空乏、执行力度软化等诸多问题依然存在。因此，必须通过制定相应的决策规章制度来明确划分参与各方的职责，加强对政策性项目的监督管理力度，从而保证所制定的规章制度能够得到有效的贯彻和执行。再次，该理论有助于对所实施政策性项目的投资决策过程展开更深入的研究。布坎南（1958）认为，市场中的政治决策过程比非政治决策过程更为复杂，它将个人利益和公共利益的内涵共同纳入政治决策当中，以此来考察个人对公共产品的选择、传递、集合与转化为集体选择的过程，并分析特定财政制度对集体选择中个体行为的不同影响程度。则奥尔森（1995）认为，从个人自利的前提中推演出人们会做出增进集体利益的行为，并着重就集体行为的基本逻辑进行了分析，从而为政策性投融资决策进行合理评判提供了理论依据。最后，该理论有助于推进政策性金融产品偏好显示机制的完善。政府为向社会公众提供政策性金融产品就必须开展政策性投资项目。但是政府应该提供哪一类的政策性金融产品？数量应该达到多少？质量水平应达到什么样的程度？这都要求充分地了解社会公众对此类产品的需求意愿，从而做出科学合理的政策性投资项目决策。公众的真实需求偏好将会显著地影响政策性投资项目的决策效果。故此，要想实现政策性金融产品的有效供给，就需要拥有一个完善的政策性金融产品偏好显示机制。

五、系统论理论

"系统"被简单解释为由部分所构成的整体，其思想起源也相对久远。但作为一门系统论学科问世于众，当归功于美籍生物学家贝塔朗菲（Bertalanffy）的卓越贡献。最早提出的"系统论"思想出自他1932年发表的《抗体系统论》一文，而奠定该学科理论发展基础的是他在1937年提出的"一般系统论原理"，并将具体阐述的内容公开发表于1945年的《关于一般系统论》文章里。该理论走进学术视线是在1948年，真正树立学术地位的是1968年他出版的《一般系统理论基础、发展和应用》这一专著，书中将"系统"定义为由若干要素组成且带有某种功能的有机整体，其核心是强调系统的整体性。其中，系统的形成并非采取若干要素进行简单加和，构成系统的各要素之间呈现着相互联系和相互制约的密切关系。它从理论上也形成了对唯物辩证法进行综合分析的一种有效手段。故此，系统论学科实现了跨越式发展。

系统论因具有发挥组织管理作用和揭示社会现象的重要实践意义，故其理论和方法的应用领域极为广泛，涉及经济、文化和军事等现代社会的方方面面。系统论强调要想观察到有机体不同层次的组织原理，就必须对其实现系统性分析，这样才能将客观系统进行模型化来重点研究整体与部分、层次、结构和环境之间的关系。其特点如下：（1）它是一种将各种要素、条件和结果等综合起来加以运用的科学研究方法。（2）它将事物看作具有很多子系统构成的复杂层次的动态系统。（3）它将事物的发展看作系统化、有序化和组织化的过程。（4）它是一种对事物系统的结构定性与对事物的关联定量相结合的研究方法。综合以上特点描述，可以看出系统论分析方法较其他方法所具备的优势，并引起了学术界和实务界对其发展的广泛重视。

根据系统论理论，任何一个系统都具有如下基本特征：层次性、集合性、动态性和相关性。层次性是指组成系统内部的子系统或各要素所处的地位不同导致其层次的差异性。集合性是指系统由各个不同的要素集合而成。动态性是指系统内构成的子系统或各要素要随其内部变化而进行动态调整。相关性是指系统内各要素之间的关系是相互联系和相互制约的，具体表现在两个方面：一方面系统的存在和发展是子系统存在和发展的前提，因而系统和子系统间存在关联关系；另一方面系统内部的子系统或要素之间是相互关联的，某个要素的变化相应地会对系统内的其他要素产生一定的影响，而内部各要素之间关系的变化也会相应地对子系统和整个系统产生一定的影响。

通过上述对系统论理论的全面分析，本书所构建的政策性金融机构绩效评价体系可以看作是一个系统，因此系统论理论所具有的层次性、集合性、动态性和相关性等特征对文中绩效评价体系的指标构建具有很好的指导意义。具体表现如下：一方面要在评价体系构建指标中体现层次性和集合性。该评价体系包括经济、社会、生态、经营绩效和公共绩效等多个子系统，子系统下面还包括经济总量、产业结构、投资水平、利益相关者满意度、安全性、管理能力、社会福利水平和公共项目支持等更小的子系统，甚至更小的子系统被继续细分为更加小的子系统。在其构建过程中要尽量使评价体系中的各个子系统协调配合，形成不同的层次结构，将其集合成一个有效的系统，发挥相应的绩效评价功能。另一方面要在评价体系构建指标中体现动态性和相关性。该评价体系中所包含的子系统评价指标并不是一成不变的，在政策性金融机构完成某些使命之后，可能其原有政策性业务的资金投向会发生相应的变化，例如现阶段各机构重点支持"一带一路"项目的开展，所以对子系统的评价指标要根据动态发展形势做到相应的调整。同时，各个评价子系统的指标也要考虑其相关的联系性，每个评价子系统的指标都不是孤立的，而是同其他指标环环相扣、密切联系的，这样所构成的绩效评价系统才是更为有效和科学的。

六、政策评估理论

政策评估是指采用科学的技术和方法，依据一系列包括科学性、实用性、可行性等相关价值和事实的选择标准，按照一定的程序和步骤，实现对政策实施中的价值因素和事实因素的全面、系统地分析。其目的就是对该项政策的设置和执行效果进行一个全面的修正过程，并为制定相关的有效政策提供基本的理性判断。政策评估的及时调整和优化可以提升政府决策的合理性，并提升社会资源的分配效率。源于 20 世纪 50 年代的政策科学，经过大量学者和专家的理论研究和实践考验，获得了更为迅速的发展和完善。其中，政策评估受惠于政策研究在社会发展实践中的广泛应用而备受关注。政策是否得到有效实行和政策目标能否实现便成为政策评估早期发展阶段重点关注的内容，此时表现较为突出的是对效果的评估。受当时科学管理理论学派的影响，政策评估偏重于对政策的投入、过程、产出和部门效率的分析，而没有实现对政策效果的分析。

随着 20 世纪 60 年代美国大量社会项目的出现，政策评估也得到了长足的发展。该时期的政策评估研究主要关注结果，并对其结果进行科学合理的价值评判。由于早期的政策评估需要耗费大量的政府财力，并且评估价格在实际政策实行和设定中的利用率较低，因而从 70 年代开始，政策评估关注的焦点已经由先前注重分析评估结果转移到如何有效地利用评估结果。最具有转折意义的就是约翰·罗尔斯（1971）这本《正义论》专著的问世，掀起了批判性评估的热潮，并强调政策评估对社会公平和公正具有非常重要的意义。该时期对政策评估研究贡献最为显著的当属学者豪斯（House），他认为政策评估的主要目的是为决策者提供准确且有效的反馈信息，并促进目标资源与利益之间二次分配的有效实现。从政策评估的本质属性上来讲，可以看作是一种政治活动，应该突出强调它的正义性，即要求在原有真实、客观的评估基础上还要体现社会公平。就此围绕政策目标的合理性和正当性这一话题学者们展开了激烈争论，给出了以评估政策的公平性为主和以评估政策的效率为辅的结论。到了 80 年代中期以后，政策评估重点发生了较大的变化，以林肯（Lincoln）和库巴（Guba）为代表性的政策评估学者开始关注评估过程中的需求因素，将相关利益主体进行多元需求评估和多元互动，综合了对效率与公平的均衡评估，克服了以往评估重点的不足，实现了用更为科学合理的方法来对政策进行研究。

2000 年以来，受信息技术革命爆发的正能量影响，全球的工业化进程被直线提速，相应的社会发展也取得了十足的进步，各国开始涌现了大量的学者对政策评估的理论和应用实践进行了更深层次的探讨和摸索，虽然见解和争议颇多，难以达成一致的评估标准和体系，但在提供更好的理论和技术来满足社会治理发展的根本需求方面产生了广泛共识。尽管各国的历史文化和社会结构等诸多差异性因素造成了学者们对政策评估认识的不同，但在决定政策评估标准上没有绝对的优劣，更多的是坚持"因地制宜"的适用原则，这样才能使政策评估的效果发挥应有的作用。

基于上述对政策评估理论发展历程的阐述，认为单纯从某一定性或定量方面去考核评估标准都是有失偏颇的，应该赋予全面性的考核标准才能够获得更为有价值的结论，这样才能让评估实现它的价值所在。鉴于这样的思考背景，本书在评估政策性金融机构的综合绩效情况时，必须给予多方面评价指标的考核，既包括对机构经济有效性的考核，也包括对机构社会合理性的考核，后者尤为突出，充分体现了该机构的政策性职能特征。因此，本书从三个系统（经济、社会和生态）和两个维度（经营绩效和公共绩效）构建政策性金融机构综合绩效评价体系，并结合定量方法和定性方法，采用多元互动和多维评价的指导思想框架，使该评价能够更加切合实际，并具有很好的科学性和普适性。

第三章

我国政策性金融机构绩效评价
现状、问题及成因分析

第一节　我国政策性金融机构的基本概况

经过了二十多年发展历程的积淀，我国政策性金融机构在相关领域已经取得了较为显著的成就，包括对"两基一支""三农"、进出口服务贸易、中小企业、助学圆梦、出口信用保险和医疗卫生的支持等。下面将对其概况进行具体的介绍。

一、政策性银行方面

（一）政策性银行的基本情况介绍

1. 中国农业发展银行。

农发行成立于 1994 年 11 月，是以国家信用为基础筹集资金的我国唯一一家农业政策性银行。它主要为农业和农村基础建设服务，提供农业政策性业务以及代理支农资金款项的财政拨付。自建行以来，农发行依据法律法规和方针政策，坚持不断推进创新发展、拼搏进取、服务大局的精神，在改革中谋发展，在探索中求前进，在平凡中创未来，为维护农业市场稳定、保护农民的合法权益、保障国家粮食安全以及促进城乡一体化做出了巨大贡献。在推进城乡一体化进程中，农发行发挥了重要作用，通过广泛筹集社会资金回流反哺"三农"，解决了农业信贷存在的净流出现象，保证了对"三农"领域的信贷净投放。为了解决困扰农户多年的"卖难"和"打白条"问题，农发行形成了独具特色的核心业务，建立了收购资金封闭运行管理制度体系。农发行还大力支持农业农村基础设施建设，有效地改善了农民的生产生活条件，形成了多领域、多元化、广覆盖、全方位的支农格局。

农发行在认真贯彻落实党中央、国务院的大政方针的基础上，重点支持粮棉油收储和服务"三农"，为促进国民经济平稳健康发展做出重大贡献。2015 年，农发行进一步加强信贷管理，着力于信贷风险排查、内外部检查发现问题整改和 CM2006 系统数据质量治理等方面，夯实信贷基础管理，改善自身的资产质量，提高抗风险能力。2016 年，在经济进入新常态的背景下，农发行积极推进对公业务经营转型，提升自身的综合金融服务能力，不断贯彻落实国家产业政策，服务国家区域发展战略，围绕"一带一路""人民币国际化"等发展战略，不断推进境内境外业务的协同发展，不断优化跨境金融综合服务体系，着实为我国国际影响力的提升添砖加瓦。同年，农发行在第九届中国金融行业年度评选中脱颖而出，获得了"年度最佳脱贫攻坚银行"称号。2017 年，在供给侧结构性改革深化的大背景下，农发行面对新要求新任务新形势，积极推进农业供给侧结构性改革，加大服务和产品创新力度，不断探索新的业务模式，在稳中求进中提升服务实体经济的效率和质量。同年12 月，农发行获得"年度最佳'三农'金融服务银行"和"年度最佳债券市场卓越贡献机构"奖。2018 年，围绕高质量发展总要求，农发行以服务乡村振兴战略为抓手，持续增加信贷支农力度，继续推进重点领域改革，积极探索创新，实现高质量发展的良好开局，全年累计发放支农贷款 1.8 万亿元，较 2017 年上涨了 15.38%，支农力度进一步增强。据农发行相关年报资料统计可得，农发行 2018 年全年累放贷款 1.8

万亿元，创历史新高。其中，累放粮棉油收购贷款2457亿元，居粮棉油收购资金供应渠道主位；累放精准扶贫贷款3893亿元，居金融同业首位；累放农业现代化新兴领域贷款1275亿元，服务农业现代化能力有效提高；累放基础设施贷款7874亿元，基础设施补短板能力进一步增强。2018年末，农发行不良贷款率0.80%，在金融机构的同期比较中是较低的，其资产总额和净利润分别为6.85万亿元和181.2亿元，较2017年分别增长10.42%和5.84%，在支农惠农的同时有效实现了质量效益和规模的统一。①

2. 中国进出口银行。

进出口行成立于1994年，是政府全资拥有的国家银行。其主要职责是为进出口业务提供金融服务，推动企业开展境外投资和对外承包业务，加强国际间的经贸合作，促进对外经济关系的不断发展，进而为国家发展政策的实现做出贡献。国开行以推动国际经济合作和支持中国经济发展为使命，以成为最具影响力的国际经济合作银行为愿景，确立了以资本为核心的经营管理思路，树立了资本节约意识，提高了资本使用效率，提升了价值创造能力，为"中国制造2025"战略的实现添砖加瓦。在第九届中国金融行业年度评选中，进出口行通过这一年的不断努力和发展，获得"年度最佳绿色金融银行"称号。

2015年，进出口行积极发挥逆周期调节作用和服务国家战略功能，主动适应经济发展新常态，以改革落实为主线，以创新发展为主题，不断调整和优化业务经营规划和运营机制，提高资本使用效率，并积极落实国家重大战略部署，搭建国际产能和装备制造合作平台，着力服务"中国智造"发展。2016年，进出口行进一步加大信贷投放力度，不断完善风险管理体系建设，着力促进外贸回稳向好，积极服务开放型经济建设，推动地方发展战略与国家战略对接，大力支持基础设施联通和外向型产业集群项目。2017年，进出口行在国际合作、外贸、开放型经济建设、走出去等领域的专业优势进一步凸显，引导带动作用得到有效

---

① 以上数据由中国农业发展银行2017年和2018年年度报告整理所得。

发挥，"一带一路"重大标志性项目参与过半，且"一带一路"项目参与数量和成果位列国内金融机构之首，同时积极探索新产品和新业务，促使"三农"、小微企业等普惠金融业务覆盖面进一步扩大。2018 年，进出口行继续推动"一带一路"建设，深化与"一带一路"相关国家互利合作，加大薄弱环节、重点领域的支持力度，提升国家战略与区域开发开放的融合度，并进一步拓展外贸企业服务，以此推动外贸稳定增长和结构优化。此外，还加大了对小微企业和民营企业的信贷支持度，进一步提升了进出口行对满足实体经济融资需要的贡献度。

截至 2018 年底，据进出口行相关年报资料统计可得，进出口行实现净利息收入 206.26 亿元，净利润 46.21 亿元，资产收益率由 2017 年的 -0.34% 上升到 2018 年的 0.11%，平均股东权益收益率由 2017 年的 -4.06% 上升到 2018 年的 1.50%，运营情况总体稳中向好，政策效果发挥颇为显著。2018 年，进出口行全年实现营业收入 608.53 亿元，发生营业支出 527.20 亿元；资产总额 4.19 万亿元，负债总额 3.88 万亿元，分别较上年增长 15.19% 和 16.37%；对外贸易贷款 1.07 万亿元，同比增幅 11.69%，其中货物贸易贷款、服务贸易贷款和进口服务贷款分别为 1.05 万亿元、254.4 亿元和 111.1 亿元，同比增幅为 11.04%、47.38% 和 71.90%；跨境投资贷款 2725.65 亿元，同比增幅 8.11%；对外合作贷款 8861.78 亿元，同比增幅 17.10%。[①] 同年，进出口行还以"两优"贷款为抓手，推动与发展中国家的项目合作，并将"两优"业务拓展到拉美、东盟等 90 多个国家。

3. 国家开发银行[②]。

国开行成立于 1994 年 3 月，是为国家重大发展战略服务的银行。2002 年，国开行的经营进入良性发展轨道，其多项财务指标达到国际

---

① 以上数据由中国进出口银行 2017 年和 2018 年年度报告整理所得。

② 本书将国开行纳入政策性银行来进行具体研究，主要依据的是《中国银行业监督管理委员会 2015 年报》第 164 页的附录六的主要名词术语解释，该解释里仍然强调政策性银行包括国开行、进出口行和农发行；同时，国开行从事的业务活动也一直主要是开发性政策性金融业务（自称社会责任）。

水平。2005 年，国开行发行"开元"信贷资产支持证券。2008 年，成立了国家开发银行股份有限公司。2015 年 3 月，被国务院明确定位为开发性金融机构，同年，被列入美国《财富》杂志世界企业 500 强中，并获得《金融时报》杂志"最佳服务稳增长银行"称号。2016 年 5 月，扶贫事业部成立，并于同年 7 月发布《开行文化手册》，且在第九届中国金融行业年度评选中，获得了"年度最佳服务供给侧改革银行"称号。2017 年 4 月，国开行正式更名为"国家开发银行"，其组织形式由股份有限公司变更为有限责任公司，并于同年获得《金融时报》杂志"年度最佳债券市场发行机构"称号和"金龙十年·非凡成就奖"。2018 年，该行获得《亚洲货币》"最佳绿色金融政策银行奖"，《金融时报》"最佳服务高质量发展银行"称号，并于同年获得国务院扶贫开发领导小组办公室颁发的"全国脱贫攻坚奖·组织创新奖"。自 2011 年以来，该行 5 次被列入《环球金融》杂志全球 50 家最安全银行之一，并连续 14 年获得人民网人民企业社会责任奖"年度企业"奖。

截至 2018 年末，据国开行相关年报资料统计可得，国开行资本充足率 11.81%，不良贷款率 0.92%，贷款拨倍率 4.37%，净利息收入 1829 亿元，资产收益率 0.70%，平均股东权益收益率 8.82%，净利润 1121 亿元，总收入 7047.87 亿元，总资产 16.18 万亿元，所有者权益 1.30 万亿元，贷款余额 11.19 万亿元。与上年相比，资本充足率上升 0.24%，不良贷款率上升 0.22%，贷款拨倍率上升 0.80%，净利息收入增加 26 亿元，资产收益率下降 0.05%，平均股东权益收益率下降 0.63%，净利润下降 15 亿元，总收入上升 1016.39 亿元，总资产上升 2205 亿元，所有者权益上升 602 亿元，贷款余额上升 5557 亿元。2018 年，国开行全面强化风险防控，坚持"风险面前人人平等，风险控制人人有责"的文化理念，从认知、制度以及手段等多角度入手，牢筑风险防控堤坝，为该行稳健可持续经营提供可靠的经营环境。同时，国开行还多举措并举，推进精准脱贫，全面发放精准扶贫贷款 2668 亿元，覆盖全国 1000 多个贫困县。此外，国开行还积极支持污染防治，其绿色贷款余额位居国内银行首位，并以创新方式累计发行 250 亿元人民币绿色金融债券和 10 亿欧元、5 亿美元国际绿色债券。[①]

(二)政策性银行的经营绩效现状

对上述有关政策性银行的基本情况进行总体的介绍以后,本书将继续对其经营绩效现状进行相应的分析,以体现构建政策性金融机构绩效评价体系的意义所在。

1. 政策性银行盈利能力普遍较低。

平均资产收益率是银行净利润占平均资产总额的比重。该指标越高,说明对其资产的利用效率越高。即使政策性银行不以营利为目的,但它仍然追求资金的使用效率和效益。从图 3-1 中可以发现,国开行的平均资产收益率在考察期内总体上呈波动下降态势,农发行和进出口行的平均资产收益率在考察期内总体上呈波动上升态势,但三大政策性银行的平均资产收益率整体上仍旧较低,这与政策性银行的基本属性特征是较为符合的。对比三大政策性银行历年的平均资产收益率均值可知,2001~2018 年国开行平均资产收益率的均值为 0.92%,农发行的均值为 0.22%,进出口行的均值为 0.11%,三大政策性银行的平均资产收益率均值均较低,这与前述结论相符,且国开行资产利用的效率最高,农发行次之,而进出口行最低。对比 2018 年和 2001 年平均资产收益率可以发现,2018 年国开行、农发行和进出口行的平均资产收益率分别为 0.70%、0.26% 和 0.11%,而 2001 年国开行、农发行和进出口行的平均资产收益率分别为 1.25%、0.02% 和 0.05%,三大政策性银行 2018 年较 2001 年的平均资产收益率分别变动了 -0.55%、0.24% 和 0.06%,可见,农发行资产利用效率提升的潜力较大,而国开行的资产利用效率明显下降。从三大政策性银行的平均资产收益率变化趋势来看,国开行在 2001~2007 年始终保持着 1% 以上的平均资产收益率,并在受到金融危机影响之后下降到 1% 以下;农发行与进出口行,2001~2005 年的平均资产收益率进出口行要好于农发行,2009 年进出口行出

---

① 以上数据由国家开发银行 2017 年和 2018 年年度报告整理所得。

现一次大的峰值为 0.32%，这可能得益于世界经济全面复苏，之后又因国际经济形势动荡不安出现逐渐下降的趋势，并在 2017 年出现最低谷值为 -0.34%；而农发行在 2012 年出现一次大的峰值为 0.62%，这可能得益于商业贷款业务的开展，但其政策性贷款业务仍然不能摆脱政策性挂账等问题的困扰。2014 年以后，受经济"新常态"的影响，三大政策性银行的平均资产收益率均有所回落。由此可见，政策性银行整体盈利能力普遍偏低。截至 2018 年末，国开行、农发行与进出口行的平均资产收益率分别为 0.70%、0.26% 和 0.11%，均处于较低水平，可见三大政策性银行的盈利能力仍普遍较低。

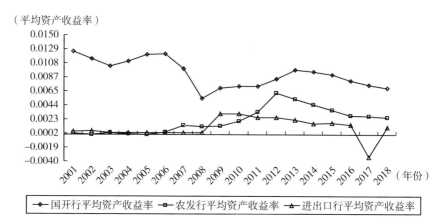

图 3-1   2001~2018 年我国三家政策性银行平均资产收益率走势

资料来源：分别根据国家开发银行、中国进出口银行和中国农业发展银行 2001 年至 2018 年年度报告整理所得。

2. 政策性银行的经营能力趋于稳健。

平均股东收益率是银行净利润占其股东权益的比重，该指标反映政策性银行资产经营效益和经营效率。其控制指标要适中，若该指标过小，意味着政策性银行承担过度负债，会降低抵御金融危机的能力；若该指标过大，意味着政策性银行没有积极、充分地利用财务杠杆，会降低扩大经营规模的能力。从图 3-2 中可以发现，国开行的平均股东收

益率在考察期内呈波动下降态势，农发行和进出口行的平均股东收益率
在考察期内呈波动上升态势。对比三大政策性银行历年的平均股东收益
率均值可知，2001～2018年国开行平均股东收益率的均值为12.37%，
农发行的均值为10.11%，进出口行的均值为7.15%，国开行和农发行
的平均股东收益率均值均大于10%且小于25%，符合稳健经营公司的
平均股东收益率指标标准，这说明整体上国开行的经营是最为稳健，农
发行次之，而进出口行相对较差。对比2018年和2001年平均股东收益
率可以发现，2018年国开行、农发行和进出口行的平均股东收益率分
别为8.82%、11.79%和1.50%，而2001年国开行、农发行和进出口
行的平均股东收益率分别为17.93%、0.95%和0.83%，三大政策性银
行2018年较2001年的平均股东收益率分别变动了-9.11%、10.84%
和0.67%，可见，农发行经营效率和效益有明显提升，其经营稳健性
提升的潜力较大，而国开行的经营稳健性明显下降。[①] 从三大政策性银
行的平均股东收益率变化趋势来看，国开行的平均股东收益率在2001～
2006年和2011～2015年间大于10%，而在2007～2010年和2016～
2018年间趋于10%，可见国开行处于稳健—趋于稳健—稳健—趋于稳
健的经营状态；农发行平均股东收益率从2001～2009年一直处于10%
以下，而在2010～2018年一直处于10%以上，可见农发行处于非稳
健—稳健的经营状态，该指标也表明农发行在2001～2009年有过度负
债倾向，但通过资产负债结构的调整和财务杠杆的有效利用，其风险防
控能力明显增强，进而其经营能力得到了显著提高；进出口行平均股东
收益率在2001～2008年和2015～2018年间小于10%，而在2009～2014
年间大于10%，可见进出口行处于非稳健—稳健—非稳健的经营状态，
该指标也表明进出口行在2008年以前也出现了过度负债，但是由于
2009年业务的成功拓展和经营结构的有力调整，其净利润达到34.86
亿元，使该行的平均股东收益率从2008年的2.64%上升到2009年的

---

① 以上数据分别由国家开发银行、中国农业发展银行和中国进出口银行2001年和2018
年年度报告整理所得。

24.74%，增加了大约 9 倍之多，可见取得的调整效果是较为良好的，而到了 2015 年，由于资本溢价、资产增值以及国家投资的大幅度增加，使其所有者权益较上年增加了 2811.96 亿元，但其净利润仅增加了 11.09 亿元，使该行的平均股东收益率从 2014 年的 14.26% 下降到 2015 年的 1.66%，减小了 8 倍之多，可见进出口行的经营稳健性受国家相关政策及其社会责任的影响较大。截至 2018 年末，国开行、农发行与进出口行的平均股东收益率分别为 8.82%、11.79% 和 1.5%，除了进出口行外，国开行处在趋于稳健经营水平，农发行处于稳健经营水平。

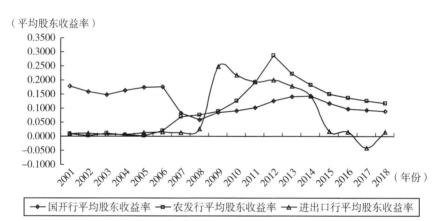

（平均股东收益率）

图 3 - 2　2001～2018 年我国三家政策性银行平均股东收益率走势

3. 政策性银行营运能力一般。

总资产周转率是用来衡量全部资产的管理质量和利用效率的。从图 3 - 3 中可以发现，国开行和农发行的总资产周转率在考察期内呈波动下降态势，进出口行的总资产周转率在考察期内呈波动上升态势。对比三大政策性银行历年的总资产周转率均值可知，2001～2018 年国开行总资产周转率的均值为 4.95%，农发行的均值为 4.50%，进出口行的均值为 3.93%，这说明整体上国开行的资产利用效率最高，农发行次之，而进出口行相对较差。对比 2018 年和 2001 年总资产周转率可以发现，2018 年国开行、农发行和进出口行的总资产周转率分别为 4.36%、4.07% 和 4.48%，而 2001 年国开行、农发行和进出口行的总资产周转率分别为5.06%、4.17%和2.57%，三大政策性银行2018年较2001年的总资产周转率分别变动了 –0.70%、–0.10%和1.91%，可见，进出口行资产利用效率提升的潜力较大，而国开行和农发行的资产利用效率明显下降。① 从三大政策性银行的总资产周转率变化趋势来看，在2001~2010年间，国开行的总资产周转率高于农发行和进出口行，说明国开行利用全部资产进行经营的效率高，资产的有效使用程度高；2011~2014年间，总资产周转率最高的是农发行，说明农发行在这个区间段意识到了资金运转的低效率状况，并开始加强了总资产质量的管理力度和经营策略，大大地提高了总资产的整体利用效率，而总资产周转率最低的是进出口行，这说明进出口行利用全部资产进行经营的效率较低，存在资金浪费和使用的低效率，对进出口行的盈利能力造成了不利的影响。2015~2018年间，国开行和进出口行的总资产周转率连续两年下降，并在2018年有所回升，而农发行的总资产周转率先下降后连续两年回升，可见，随着经济发展向好，政策性银行的总资产周转率也有所提升，整体的营运能力得到了一定的强化，但这种提升并不足够稳健。因此，政策性银行营运能力整体上是较为一般的，急需进一步提升和强化。

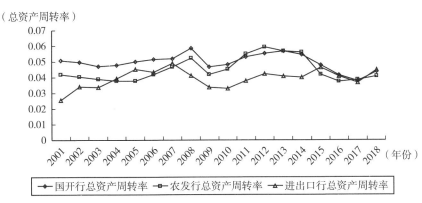

（总资产周转率）

图3-3 2001~2018年我国三家政策性银行总资产周转率走势

---

① 以上数据分别由国家开发银行、中国农业发展银行和中国进出口银行2001年和2018年年度报告整理所得。

二、政策性保险公司方面

（一）政策性保险公司的基本情况介绍

中国出口信用保险公司（以下简称"中国信保"）是我国已组建的政策性保险公司，成立于 2001 年 12 月，是我国唯一承办政策性信用保险业务的金融机构。其主要的业务范围包括资信服务、短期出口信用保险、理赔服务、国内贸易信用保险以及中长期出口信用保险等。中国信保以履行政策性职能和服务开放型经济为使命，使其成为进出口交易的有效杠杆，在促进经济增长、支持国家重大战略政策、保障国际收支平衡等方面发挥重要作用。中国信保在 2005～2007 年三年间分别在中国—东盟博览会上获得了"最佳创意奖"和"优秀参展商奖"；2009年，中国信保荣获"中国 CFO 最信赖的信用保险服务机构"称号；2011 年，中国信保荣获《进出口经理人》杂志评选的"中国外贸贡献奖"；2017 年，中国信保荣获伯尔尼协会中长期险"年度最佳交易奖"，同年中国信保有两项成果作为典型案例入选"砥砺奋进的五年"大型成果展；2018 年，中国信保荣获"中国保险好新闻奖""保险行业内部刊物优秀专题策划奖""保险行业微信公众号最佳编辑奖"和"TXF 欧洲中亚地区最佳 ECA 融资项目奖"。

2015 年，是对外贸易形势严峻的一年，对外贸易出口增速放缓。中国信保在这样严峻的考验下，贯彻落实"一带一路"倡议，积极扩大小微企业覆盖面，推进外贸商品结构调整优化，为国民经济健康可持续发展贡献力量。2018 年，中国信保逆周期调节作用得到了充分发挥，在稳信心、化摩擦等方面取得了开拓性进展，引导外贸企业稳中向好发展。同时，大力支持稳增长、防风险、调结构、促改革、惠民生工作，加大实体经济保单融资规模和承保规模，促使普惠金融业务覆盖面不断扩大，彰显了政策性金融机构的社会责任。根据中国信保相关年报资料统计可得，截至 2018 年末，中国信保总资产 1401.57 亿元，较上年增加 10.94%；总负债 1022.15 亿元，较上年增加 15.34%；所有者权益 379.42 亿元，较上年增加 0.59%；实现净利润 3.59 亿元，较上年下降了 42.47%；已赚保费 107.28 亿元，较上年增加了 47%；赔付支出 19.2 亿美元，较上年增长 40.6%；全年实现承保 6119.9 亿美元，较上年增加 16.7%，短期出口信用保险 4814 亿美元，中长期出口信用保险 233.2 亿美元，海外投资保险 581.3 亿美元，国内贸易信用保险 457.5 亿美元，其分别较上年增长了 16.62%、-2.26%、18.89% 和 20.84%；在首届"一带一路"国际合作高峰论坛 17 项成果项下，累计出具保单 55 个，实现承保金额 70.6 亿美元；支持高新技术企业出口和海外投资 1001.2 亿美元，支持企业向新兴市场出口和投资 2591.1 亿美元，有效促进外贸稳中向好发展；承保小微企业出口 678.5 亿美元，向小微企业支付赔款 1.1 亿美元，分别较上年增长 18% 和 10.6%；服务小微企业覆盖面进一步扩大，突破了 8 万家。①

（二）政策性保险公司的经营绩效现状

对上述有关政策性保险公司的基本情况进行总体的介绍以后，本书将继续对其经营绩效现状进行相应的分析，以体现构建政策性金融机构绩效评价体系的意义所在。

1. 中国信保业务能力逐年提升。

由表 3-1 可知，从 2003~2018 年中国信保积极履行政策性职能，发挥了重要的贸易保障功能，全年承保金额实现连续十五年增长，从 2003 年的 57.1 亿美元增加到 2018 年的 6122.3 亿美元，增加了 6065.2 亿美元，其中，增幅最大的是 2004 年，达到了 132.92%，增幅最小的是 2016 年，达到 0.34%，2003~2018 年整体增幅呈先波动下降后上升趋势。中国信保的主要险种包括短期出口信用保险、中长期出口信用保险、海外投资保险等。其中，短期出口信用保险金额从 2003 年的 42.6 亿美元增长到 2018 年的 4814 亿美元，实现了连续十五年的持续增长，

---

① 以上数据由中国出口信用保险公司 2017 年和 2018 年年度报告整理所得。

其中增幅较大的是 2004 年和 2009 年，而增幅最慢的是 2016 年，整体增幅呈"W"型；中长期出口信用保险金额从 2003 年的 13.6 亿美元增长到 2018 年的 246 亿美元，其增幅波动较大，在 2006 年、2008 年、2013 年、2015 年和 2016 年均出现了负增长，而在 2009 年出现了增幅峰值为 205.3%，可见其受国际形势和政策影响较大；海外投资保险金额从 2003 年的 1.1 亿美元增长到 2018 年的 581.3 亿美元，其增幅波动较为明显，在 2004 年和 2009 年出现了负增长，但在 2005 年、2006 年和 2010 年出现了较高的增幅，说明中国信保在遭受国际经济冲击后能够迅速地进行调整。① 综上可知，中国信保各种保险业务开展良好，其经营能力逐渐提升。

表 3 - 1 　　　　　　2003 ~ 2018 年中国信保主要险种及

全年实现承保金额 　　　　　　单位：亿美元

年份	短期出口信用保险金额	中长期出口信用保险金额	海外投资保险金额	全年实现承保金额
2003	42.60	13.60	1.10	57.10
2004	106.40	20.60	1.08	133.00
2005	169.80	28.00	5.20	212.10
2006	233.20	26.10	25.80	295.70
2007	301.00	34.50	39.00	396.30
2008	364.70	26.40	49.20	627.50
2009	902.70	80.60	48.40	1166.00
2010	1543.30	96.50	136.60	1964.30
2011	2054.80	107.60	163.70	2538.90
2012	2729.10	207.40	245.80	3256.50
2013	3093.00	181.50	303.80	3969.70
2014	3448.00	273.00	358.00	4455.80

① 以上数据由中国出口信用保险公司 2013 ~ 2018 年年度报告整理所得。

续表

年份	短期出口信用 保险金额	中长期出口 信用保险金额	海外投资 保险金额	全年实现 承保金额
2015	3638.80	238.00	409.40	4715.10
2016	3752.40	226.10	426.50	4731.20
2017	4128.00	239.00	489.00	5246.00
2018	4814.00	246.00	581.30	6122.30

资料来源：历年中国出口信用保险公司年报以及中国出口信用保险公司官方网站获得。

2. 中国信保的财务状况趋于良好。

中国信保作为我国政策性出口信用保险机构，同样也坚持着保本微利的经营原则，其财务业绩状况也在逐年的增强，彰显了中国信保的经营业务能力在不断地提升，并在出口贸易的保障中发挥了越来越重要的作用。这里主要选取税前利润、可运用资金额、固定资产投资、营业费用、赔付支出五个财务指标对中国信保的财务绩效进行说明。从表3-2可以看出，中国信保税前利润指标从2003年的-126.35百万元增加到2018年的570.21百万元，整体呈"M"型，但2004年、2007年、2008年、2016年、2017年和2018年出现了负增长，可见中国信保利润的获得受国际经济影响较大；可运用资金额指标从2003年的3333.94百万元增加到2018年的95344.93百万元，其中，2003~2017年保持连续十四年增长，且2009年增幅最大，达到98.33%，而2018年出现了负增长，为-0.73%，整体增幅呈现波动下降态势；固定资产投资指标从2003年的31.07百万元增加到2018年的466.49百万元，其中2009年出现最大增幅为719.22%，而2009~2012年和2015年出现了负增长；营业费用指标从2003年的197.36百万元增加到2018年的2229.05百万元，保持连续十五年的逐年增长，其中2004年增幅最大为58.34%，2006年增幅最小为2.57%；赔付支出指标从2003年的840.44百万元增加到2018年的9987.27百万元，其中增幅较大的为2008年和2016年，分别达到了693.56%和152.57%，而2004年、2007

年、2010 年和 2013 ~ 2015 年出现了负增长。从上述几个指标的变化来看，在考察期内，中国信保的财务业绩都发生了较大的变化，至少翻几番，有的甚至翻十几番，这足以见证中国信保经营实力的强大。尤其是在爆发国际金融危机的 2008 年，中国信保为保证本国商品出口贸易的稳定做出了巨大的贡献，其自身也付出了惨痛的代价。赔付支出从上一年的 231.74 百万元直接飙升到当年的 1839 百万元，税前利润也从上一年的 195.24 百万元直接狂降到 - 1407.98 百万元。到 2009 年年末，税前利润又继续回到"转正"的状态，一直到 2015 年保持持续的增长。而 2015 年以后，受经济新常态化影响，中国信保的税前利润又出现了一定的回落。综上所述，中国信保的财务状况总体上是较为良好的。

表 3 - 2　　　　　2003 ~ 2018 年中国信保主要财务指标状况　　　单位：百万元

年份	税前利润	可运用资金额	固定资产投资	营业费用	赔付支出
2003	- 126.35	3333.94	31.07	197.36	840.44
2004	18.25	4803.06	36.05	312.50	823.08
2005	18.44	5280.36	295.33	413.18	964.24
2006	256.33	7808.71	357.88	423.78	1305.62
2007	195.24	10110.66	415.31	505.39	231.74
2008	- 1407.98	10805.23	446.84	619.03	1839.00
2009	239.03	15669.41	423.89	763.93	3179.69
2010	1032.05	22574.11	408.33	910.56	3072.95
2011	1180.53	44770.90	391.23	1046.30	5601.65
2012	1237.02	51997.05	376.33	1197.69	6607.00
2013	2155.80	58039.51	378.69	1458.37	6466.52
2014	2428.74	68759.49	429.01	1638.41	4843.98
2015	2625.62	80543.12	422.68	1714.59	2698.34
2016	907.35	92107.30	454.18	1849.36	6815.27
2017	819.54	96041.62	457.81	2024.75	7772.51
2018	570.21	95344.93	466.49	2229.05	9987.27

资料来源：2003 ~ 2018 年中国出口信用保险公司年报。

第二节　我国政策性金融机构绩效评价现状及存在问题

一、政策性金融机构绩效评价现状

（一）现有政策性金融机构的绩效评价制度

目前，我国已经初步构建政策性金融机构的绩效评价制度。该制度的较早探索可追溯到 1996 年国家国有资产管理局（现为国有资产管理委员会）和财政部对国有企业绩效评价的管理。而具有标志性意义的制度建立是在 1999 年 6 月由四部委①联合颁布的《国有资本金绩效评价规则》（简称《评价规则》）和《国有资本金绩效评价操作细则》（简称《操作细则》），并根据上面两个规则性文件，财政部又相继发布了关于《国有资本金绩效评价指标解释》的通知，这样有关国有资本金绩效评价体系框架在我国已经形成了初步的建立。该制度建立以后，它是需要一个不断完善的过程，基于此，财政部又相继在 2002 年出台了《企业绩效评价操作细则（修订）》、2009 年出台了《金融类国有及国有控股企业绩效评价实施细则》、2011 年出台了《金融企业绩效评价办法》等相关文件，并联合几部委等对其原评价指标体系中存在的指标和权重设置等相关的不妥之处进行修改和调整。至此，我国政策性金融机构绩效评价制度完成了初步的建立，开始对其所属机构进行全面和重点的绩效考核，并以此提升政策目标的实现度。

（二）现有政策性金融机构的绩效评价体系

我国现阶段所构建的政策性金融机构绩效评价体系主要分为两大

----

① 财政部、国家经济贸易委员会（现为商务部）、人事部、国家发展计划委（现为国家发展和改革委员会）。

类。具体来讲,一类是专家和学者们应用企业绩效评价模型所构建的,另一类是基于商业性金融机构绩效评价体系所构建的。具体说明如下:

1. 专家和学者们应用企业绩效评价模型所构建的。

庄俊鸿在 2000 年出版的《政策性银行概论》一书中对政策性银行绩效评价指标体系进行了构建,并以社会效益为主和以财务效益为辅的政策性银行绩效评价为原则对其指标体系进行设计。因为政策性银行社会效益具体体现在融资总量、融资结构及产业政策、区域发展战略等方面,财务效益具体体现在实现核定的财务收支计划的程度上,借此提出了由融资总量偏离度、融资结构偏离度、产业发展目标实现度和地区发展目标实现度四个主要指标和财政收支计划偏离度一个辅助指标构成的政策性银行绩效评价指标体系[1]。具体的指标选择见表 3 – 3。

表 3 – 3　　　　　　　　　政策性银行绩效评价指标体系

	指标名称	指标说明	指标计算公式
主要指标	融资总量偏离度	衡量一定时期内政策性银行的实际融资总量与计划融资总量的偏离程度	融资总量偏离度 = (实际融资总量 – 计划融资总量)/计划融资总量
	融资结构偏离度	衡量一定时期内政策性银行的实际融资结构与计划融资结构的偏离程度	融资结构偏离度 = │实际融资结构 – 计划融资结构│
	产业发展目标实现度	衡量一定时期内通过政策性银行的扶持后,某一产业实际发展速度实现计划目标的程度	产业发展目标实现度 = (实际发展速度 – 计划发展速度)/计划发展速度
	地区发展目标实现度	衡量经过政策性银行一定时期的扶持后,某一地区实际发展速度实现计划目标的程度	地区发展目标实现度 = (实际发展速度 – 计划发展速度)/计划发展速度
辅助指标	财政收支计划偏离度	衡量政策性银行执行经营方针及自身的财务状况	财政计划收支偏离度 = [实际盈利(亏损)额 – 计划盈利(亏损)额]/计划盈利(亏损)额

---

① 庄俊鸿:《政策性银行概论》,中国金融出版社 2001 年版,第 205 ~ 209 页。

　　白钦先和王伟在 2013 年出版的《政策性金融概论》一书中对政策性金融机构绩效评价指标体系进行了构建。书中强调政策性金融机构绩效评价应遵循针对性原则、全面性原则、客观性原则、公正性原则、合理性原则、SMART 原则、动态性原则、以社会效益为主和财务效益为辅的原则等基本原则。并在上述原则的基础上，借鉴平衡计分卡基本原理，引入政策实现度维度，并从政策实现度、财务、客户、内部流程、学习与成长五个不同的维度对其评价指标体系进行构建①。具体的指标选择见表 3 - 4。

表 3 - 4　　　　　　　政策性金融机构绩效评价指标体系构成

指标维度	关键成功要素	绩效评价指标
政策实现度	社会效益的实现	贷款产值率、贷款销售率、贷款利税率、融资总量偏离度、融资结构偏离度
	发展能力	产业发展目标实现度、地区发展目标实现度
财务	增加收入	资产收益率、财务收支偏离度
客户	客户拓展	新客户获得率
	客户满意	客户满意度
	客户获利能力	客户获利率
内部流程	风险控制	不良资产率、贷款履约率
	成本管理	成本预算比率
	创新能力	创新服务项目数量
学习与成长	员工能力	培训时间、培训覆盖率
	员工满意	员工满意度
	信息能力	信息覆盖率

　　也有部分专家或学者采用以投入产出为导向的 DEA 绩效评价模型来构建我国政策性银行的绩效评价体系。鉴于 DEA 绩效评价模型的方

———————

① 　白钦先、王伟：《政策性金融概论》，中国金融出版社 2013 年版，第 166～174 页。

法和应用在相关文献中的阐述较多，也限于篇幅等原因，本书在这里将不对其方法和应用作具体的阐述，只对采用该模型所使用的投入与产出指标作进一步相关说明。其中，杨晔（2007）以营业费用、所有者权益、资金为投入变量和以税前利润、贷款净额（贷款总额－呆账准备）为产出变量来进行评价构建；栾义君和马增华（2009）以营业费用、固定资产净值、借贷资金规模为投入变量和以贷款净额、税前利润作为产出变量来进行评价构建；杨童舒（2012）以劳动力、实物资本、可贷资金为投入变量和以税前利润、贷款净额为产出变量来进行评价构建；张芬（2014）以固定资产净值、营业费用为投入变量和以税前利润、贷款净额为产出变量来进行评价构建；王伟和金春红（2016）以员工人数、固定资产净值和可贷资金为投入变量和以贷款净额、税前利润为产出变量来进行评价构建；林春（2016）以固定资产净值、员工人数、资金来源、营业费用为投入变量和以税前利润、贷款净额为产出变量来进行评价构建。

2. 基于商业性金融机构绩效评价体系所构建的。

鉴于我国政策性金融机构成立的时间较短以及具有的特殊性质，金融监管当局始终没有出台一部针对该机构的绩效评价体系，且对该机构进行的绩效评价仍然参照历年颁布的商业性金融机构绩考核标准来完成的。包括中国人民银行 2000 年颁布的《国有独资商业银行考核评价办法》和中国银监会 2002 年发布的《商业银行内部控制指引》；中国银监会 2004 年颁布的《股份制商业银行风险评级体系（暂行）》和 2005 年颁布的《商业银行风险预警操作指引（试行）》；财政部 2002 年颁布的《商业银行绩效评价指标体系》和 2009 年颁布的《金融类国有及国有控股企业绩效评价实施细则》以及 2011 年颁布的《金融企业绩效评价办法》等。强调说明的是财政部 2016 年新颁布的《金融企业绩效评价办法（修订)》中，第一章总则中的第二条明确提出政策性银行不再适用本办法，并另行制定适合该机构的绩效评价办法。考虑到这里参照以上商业银行绩效评价的办法较多，限于篇幅等原因，故不能在此一一列出，只能选择离现在时间最为接近的财政部 2011 年颁布的《金融企业绩效评价办法》作为适用办法，这个显然具有较大的代表性，并且在该办法第一章总则中的第二条也明确指出政策性银行和政策保险公司都为适用。故此，本书这里以财政部2011颁布的《金融企业绩效评价办法》里面有关金融企业（银行和保险）绩效考核指标及相应权重为例，作出具体的指标说明，见表3－5。

表3－5　　　　　　　2011年金融类企业绩效评价指标及权重设置①

评价内容		银行类		保险类	
指标	权重（%）	指标	权数	指标	权数
盈利能力状况	30～60	资本利润率	15	净资产收益率	15
		资产利润率	10	总资产报酬率	10
		成本收入比	5	收入利润率	5
		—	—	支出利润率	5
经营增长状况	25～40	国有资本保值增值率	10	国有资本保值增值率	10
		利润增长率	5	利润增长率	10
		经济利润率	5	经济利润率	5
资产质量状况	15～25	不良贷款率	10	认可资产率	15
		拨备覆盖率	5	应收账款比率	10
		杠杆率	5	—	—
偿付能力状况	15～25	资本充足率	15	偿付能力充足率	15
		核心资本充足率	15	—	—

（三）现有政策性金融机构的绩效评价结果

绩效评价结果反映了该机构的综合绩效情况。基于现有政策性金融机构绩效评价体系对其所属机构的综合绩效情况进行评价，得到如下结

① 具体参见2011年财政部颁布的《金融企业绩效评价办法》中的附件：金融企业绩效评价办法、金融企业绩效评价指标及结果计分表和金融企业绩效评价指标计算公式说明。

论：采用 DEA 绩效评价模型，杨晖（2007）、栾义君和马增华（2009）、林春和王伟（2015）、林春（2016）得出的结论是我国政策性银行整体上经营效率偏低；张芬（2014）得出的结论是政策性银行盈利能力较弱且资产利用率不高，三家政策性银行中国开行各项指标良好；杨甜甜（2015）得出的结论是中国信保经营效益不高且在逐年改善；王伟和金春红（2016）得出的结论是政策性银行经济有效性较差且缺乏对社会合理性的考虑。采用平衡计分卡绩效评价模型，许涤龙和田杨（2009）得出的结论是湖南省农发行总体绩效逐年上升且增长幅度较为显著；赵亮（2013）得出的结论是辽宁省农发行整体绩效一般，需要改进的地方依然较多。由以上结果可以看出，学者们主要围绕着政策性金融机构的经济有效性方面来进行绩效评价的，而对社会合理性方面的绩效评价是有所欠缺的。

二、政策性金融机构绩效评价存在的问题

虽然现行的绩效评价体系有利于促进政策性金融机构的可持续发展，其绩效评价体系也在不断地改善和修正，但目前仍然存在一些问题，具体说明如下：

（一）缺乏与之相匹配的绩效评价体系

在我国政策性金融机构发展的二十多年历程中，国家始终没有出台一套与其自身发展相匹配的绩效评价体系，而是基本等同于借用商业性金融机构的绩效考核机制，或者是套用企业绩效评价模型，这样的做法显然是很不妥当的，与政策性金融机构建立的初衷目的是相悖的，有些"张冠李戴"或是"拿来主义"。商业性金融机构主要是以追求利润最大化为目的，并以最大利益所图为导向，兼顾着承担较小的社会责任，向社会输出商业性资本。相反，政策性金融机构以弱势群体金融需求为主要服务对象，发挥重要的政策性职能，并以追求社会福利效用最大化为目的，主要承担社会责任，并向社会输出政策性资本。由此可见，若

将这两种初衷不同的金融机构的考核机制混为一谈，会导致绩效考核失真，偏离原有的初衷，甚至会使政策性金融机构产生恶性竞争的趋势。同时，商业性金融机构绩效评价体系多注重财务效益指标的衡量而轻社会效益指标的使用，但是政策性金融机构的绩效评价却恰恰相反，是以社会效益为主和财务效益为辅，突显社会效益。因此，采用商业性金融机构绩效评价机制来评价政策性金融机构绩效是不合理的，需要进一步构建与政策性金融机构自身发展相匹配的绩效评价体系。

（二）评价指标设计缺乏针对性

虽然我国政策性金融机构的主要职责是服务于国家经济发展战略，并承担重要的社会责任，但是各个所属机构的政策职能定位并不是相同的，而是有不同的侧重点。故在上述构建的绩效评价指标体系中，缺少针对各家政策性金融机构特色指标的设计，只是笼统地将其归为一类指标来进行衡量，明显缺乏对指标的针对性考虑，这样会对机构的目标实现度造成较大的偏差，严重地影响整个机构的战略规划目标。我国政策性金融机构主要包括三家政策性银行（国开行、农发行和进出口行）和一家政策性保险公司（中国信保），其各家政策性机构的政策职能定位不同，国开行偏向"两基一支"建设，农发行偏向"三农"建设，进出口行偏向"进出口贸易"建设，中国信保偏向"出口贸易信用保障"建设。因此，在进行绩效评价指标设计时，不仅要有整体的衡量指标，例如产业发展实现度、地区发展实现度，也要有针对其不同职能的指标，例如国开行的绩效评价指标应考虑基础设施建设完成度，农发行的绩效评价指标应考虑支农资金的利用率，进出口行的绩效评价指标应考虑对外贸易交易额，中国信保的绩效评价指标应考虑信用保险的保费赔付比率等。

（三）未能全面考虑非财务性指标

在上述的绩效评价指标体系中，虽然突出了政策性金融机构社会效益的衡量，但是其衡量指标并没有涵盖其社会职能的方方面面，目前主要是从贷款和融资两个方面进行衡量，但是政策性金融机构的社会效益还表现在很多方面，例如棚户区改造、助学圆梦、扶贫、医疗保障等，要想全面衡量政策性金融机构的社会效益，就需要对其主要的社会职能进行具体的衡量。而且，采用平衡计分卡进行绩效评价时，需要的指标必须是可量化的，像客户满意度指标的衡量会因客户的偏好、接受程度不同而得到不同的结果，而像社会福利的提高程度则是由政策性金融机构创造的不可量化的指标，不能纳入评价指标体系中，因此可能造成绩效评价的结果偏离实际。同时，在进行绩效评价时，一般多采用比率指标而忽视规模指标，而政策性金融机构作为知识与资本密集型的金融企业，显然存在规模经济，所以在进行绩效评价时也应将规模性指标考虑在内。综上所述，在进行政策性金融机构绩效评价时，其评价指标不仅要全面，还要对不可量化的指标进行综合分析评判，使其绩效评价指标涵盖待评价机构的方方面面，包括对其经济、社会、生态、经营以及公共职能的体现，从而使评价结果更加准确和科学。

（四）权重设计具有较强的主观性

现有的政策性金融机构的绩效评价指标体系中，各指标的权重设计具有较强的主观性，即在评价前主观判断各指标所占的相对比例，虽然权重设计是按照重要性原则来确定的，但设计者的主观判断会受到各种因素的影响，不同的设计者会因偏好、认知等差异，使相同指标的权重设计存在差异，从而令权重设计不能真实有效地反映各指标的实际重要程度，进而难以进行公正、客观的绩效评价。而且，在指标权重设计时，设计者仅关注各指标的相对重要性，而对各指标的具体数值以及评价对象间数值的差别有所忽视，这就可能造成对具有较大信息量的原始数值的纰漏。同时，鉴于权重设计在评价前就已设定，这为设计者修改权重以适应其评价的需要带来了很大的困难，使评价结果不能真实地反映待评价机构情况。因此，在进行政策性金融机构绩效评价指标权重设计时，应充分考虑权重设计的科学性、合理性以及动态性，这样才能够真实的反映政策性金融机构的综合绩效情况，使评价的结论更加真实和有意义。

第三节　我国政策性金融机构绩效评价 存在问题的成因分析

基于上述对我国现阶段政策性金融机构绩效评价存在问题进行的全面分析，造成相关问题的成因主要归纳为以下几点：

一、考核意识认知薄弱

政策性金融机构作为政府的公共金融职能部门，并完全履行国家的政策职能，其金融监管主体和自身管理层对其经营的绩效考核整体上认知是薄弱的。从金融监管主体来看，央行和银保监会对政策性金融机构的绩效考核整体上是不强的，包括在其监管机构内部成立了专门主管政策性金融机构的部门，也是在套用商业银行经营绩效评价指标的基础上，仅仅对政策性金融机构经营绩效作以简单的掌握和分析，不能对其综合绩效评价作以全面的估计和评价，并认为这种政府公共职能部门的绩效考核意义不是很大。从政策性金融机构自身来看，其管理层内部对经营指标的绩效考核也相对较怠慢，只是将其作为政府的公共职能部门执行国家政策而已。其实不然，虽然政策性金融机构坚持保本微利的经营原则，但是它的最大社会效用是否存在帕累托改进仍然有待进一步考证。作为国有垄断金融机构，基层员工积极性不高的表现更加明显，烦琐的工作流程、怠慢的工作态度、懒散的工作行为等都成为阻碍该机构发展的"绊脚石"，相关人员根本没有意识到自身的相关行为对该机构整体绩效的负面影响，忽视了政策性金融机构全面发展的大方向。由此可见，人们普遍对政策性金融机构的整体绩效考核意识较差，应该对此方面意识进行强化，从提高软实力的角度加强对政策性金融机构绩效的提高。

二、评价目标实施不明确

目前，对于政策性金融机构所要考核的具体目标，金融监管机构始终没有给出明确的回复与详解，一直处于较"朦胧"的状态，导致了长期目标与短期目标的混同，无法体现组建政策性金融机构的根本目标所在，外加相应的政策性金融监管立法权的缺失，现阶段的政策性金融目标是模糊不明的。如果单从短期绩效目标出发，政策性金融机构的管理者就会从自身利益最大化出发，偏向公共项目效益较好地来进行投资，而相对社会效益较强而经营效益较差的公共项目却被拒之门外，这就会造成短期绩效目标实现得较好的表象，而长期绩效目标的社会效益性就会表现得更为牵强。如果单从长期绩效目标出发，政策性金融机构对公共项目的投资就会出现模糊且混乱的状态，导致短期经营出现严重的失衡问题，进而使政策性金融机构陷入瘫痪的窘态，那么长期的绩效目标也根本无法得到实现的可能，同样，短期的经营绩效也难以实现。可见，机构的绩效考核目标若不明确，短期绩效和长期绩效两个目标就很难兼顾，这样就会对政策性金融机构的经营状况产生很大的负面效应，阻碍可持续发展经营。

三、立法保障性不强

目前，我国对政策性金融机构还没有制定专门的法律和法规，呈现的一些零散规定也更多见于决定、通知、方案和章程当中，例如1993年国务院颁布的《国务院关于金融体制改革的决定》，1994年国务院颁布的《关于组建国家开发银行的通知》《国家开发银行组建和运行方案》《国家开发银行章程》《关于组建中国农业发展银行的通知》《中国农业发展银行组建方案》《中国农业发展银行章程》《关于组建中国进出口银行的通知》《中国进出口银行组建方案》《中国进出口银行章程》《关于加强对政策性银行监管工作的通知》，1997年财政部颁布的《国家政策性银行财务管理规定》，2001 年国务院颁布的《关于组建中国出口信用保险公司的通知》《中国出口信用保险公司组建方案》《中国出口信用保险公司章程》，2003 年财政部颁布的《关于利用出口信用保险积极促进企业外贸出口的通知》《出口信用保险扶持发展资金管理办法》，2015 年由中国人民银行有关单位提出的《中国三大政策性银行改革方案》，等等。这些文件虽然属于行政法规的范畴，但是很难将任何一个文件定性为政策性金融机构的行政法规，导致了政策性金融机构在经营中出现了很多"不良反应"，影响其自身的健康发展。由此可见，当前对政策性金融机构法律地位、性质、职能和业务等是没有明确立法的，滞后的立法也造成了自身发展的弊端，这使得该机构在开展经营活动时缺乏法律根据和约束机制，严重地干扰了内部制定的方针、目标和管理机制等的实现，扰乱了政策职能的发挥，间接地影响了机构的综合绩效状况，使其偏离了政策性金融服务的宗旨和功能。

四、监管制度设计较为粗糙

政策性金融机构的监管较为薄弱，其监管制度设计也较为粗糙，没有针对政策性的特殊要求进行量体裁衣。首先，金融监管当局应像发达国家那样对政策性和商业性金融机构进行区分，设立专门的监管机构和监管制度，而不是简单地在财政部、央行和银保监会下设政策性金融机构的管理部门，这样会使监管指标选择较为混乱，惯性地采用商业性监管指标来衡量政策性金融机构显然是"水土不服"的，这对于实施有效的政策性金融机构监管是非常不利的，同时也不利于其政策性职能的充分发挥。其次，在财务制度设计方面缺乏兼容性。对于政策性金融机构存在的商业性和政策性业务兼营情况没有进行考虑，而是将两者的财务状况混为一谈，并未采取对两者进行分账管理的财会制度，这会影响政策性金融机构综合绩效考核的准确性和合理性，甚至会同商业性金融机构产生恶性竞争。最后，多头监管乏力，使政策性金融机构监管成本加大，银保监会对其业务合规和风险情况进行监管、央行对其改革规划和贷款规模进行管理、审计署对其经营业务财务状况进行不定期的外部审计以及财政部行使出资人职能对其监管等，这些造成了对政策性金融机构监督管理上的分歧，阻碍了政策性职能业务的开展，导致了该机构综合绩效的降低。

第四章

我国政策性金融机构绩效评价指标体系构建

首先，本章通过基本理论、已有研究和国际借鉴对评价指标进行初步预选，并按照绩效评价指标的构建原则进行更明确的预选，再以三个系统（经济、社会和生态）和两个维度（经营绩效和公共绩效）为构建框架进行绩效评价指标的具体预选。其次，通过两轮专家调查问卷和变异系数检验对最初预选指标进行严格的筛选，并结合专家修改意见对初选评价指标进行删除、修改和添加等修正，最终确定为修正后的政策性金融机构绩效评价指标体系。最后，对构建和评价标准做进一步的说明。

第一节　绩效评价指标体系构建的基本思路和原则

政策性金融机构绩效评价指标体系作为一种特殊的指标评价体系，在构建的过程中既要符合一般指标体系建立的思路和原则，也要符合该机构特有的指标体系运用的思路和原则。

一、绩效评价指标体系构建的基本思路

基于我国政策性金融二十几年的发展历程回顾，其取得的相关成果

是非常可喜和瞩目的。截至 2018 年末，三家政策性银行（国开行、农发行和进出口行）的总资产达到 272262.56 亿元，营业收入达到 4039.13 亿元，净利润达到 1348.41 亿元，其指标数量都是成立之初的十几倍，有的甚至是几十倍。① 现阶段的政策性金融到了改革的深水区，国家也在不断强化政策性金融的职能和作用，这些也都给政策性金融的发展带来了新的机遇和挑战。但具体的实施情况和效果如何？这时候最需要的就是有效的绩效评价指标体系，不断地为政策性金融的目标实现度作出合理的评判结果，以此来调整政策性金融的改革发展方向。具体的政策性金融机构绩效评价指标体系的构建思路如图 4-1 所示。

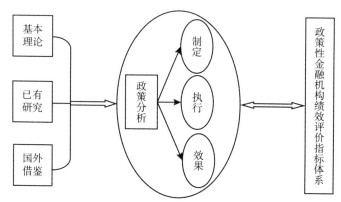

图 4-1 政策性金融机构绩效评价指标体系构建思路

二、绩效评价指标体系构建的原则

（一）"3E" 原则论

原则，在现代汉语字典中释义为"说话或行事所依据的法则或标准"。由于人的有限理性不能穷尽组织和环境在不断发展变化下出现的

---

① 以上数据由国家开发银行、中国农业发展银行和中国进出口银行 2018 年年度报告整理所得。

各种情况，因此考虑对其行为一致性所作出的总体上的指标时就需要通过原则来实现，如会计信息质量要求等。在绩效评价体系的构建中，仍然会面临很多问题和不确定性，例如人的有限理性、信息的不完全性、环境的不确定性等，可见评价原则是至关重要的，是绩效评价体系构建的标准和法则。

20 世纪 80 年代以来，以经济性、效率性和有效性为代表的"3E"原则在绩效评价指标体系的构建中发挥着重要的指导作用。其中，经济性原则是指以最低的资源消耗达到最佳的状态，其实现需要借助一定的约束机制，从而实现对公共管理过程中的公共支出活动资金的节约；效率性原则是指政策性投资项目中投入与产出之间的对应比例，在投入较少且产出较大的情况下，就可以说明其投资效率较高；有效性原则是指利用人力、物力和财力等资源而取得最终结果的具体反映，它是完成目标行为和达到目标结果的反映程度，是在多种因素影响下整体目标的实现程度，在衡量时通常需要将长远利益和当前利益考虑在内。其构成示意见图 4 - 2。

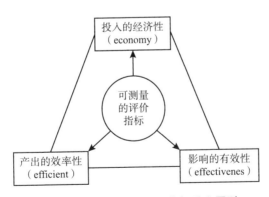

图 4 - 2 "3E"绩效评价指标设立原则

3E 原则之间的辩证关系如下：

1. 经济性与有效性之间的关系。

单纯强调经济性而忽略有效性，会造成经营活动以资源耗费和节约为核心，使经营活动单纯地追求利润最大化，而忽视了经营目标实现的质量；而单纯强调有效性而忽略经济性，会造成为达目的不择手段的现象，会忽视经营过程中成本的节约和资源使用的合理性，造成极大的资金浪费。因此，单纯强调任何一方都是不可取的。本书认为，经济性应建立在有效性的基础上，在保障质量的前提下实现资源的合理使用和成本的节约，同时也要注重经济性与有效性在需求上的均衡。

2. 经济性与效率性之间的关系。

单纯强调经济性而忽略效率性，会造成经营活动以资金节约为核心，使经营活动效率低下；而单纯强调效率性而忽略经济性，会造成经营过程中投入资源的增加，进而造成资源和资金的浪费。

3. 效率性与有效性之间的关系。

效率性和有效性之间的辩证关系最好的体现就是"又快又好"。但是效率性与有效性通常是处于失衡状态之中的，即高效率与有效性不一定存在正向对应的关系。因此，在进行绩效考评时，应进行综合且全面的考察，在兼顾经济性的基础上，做好效率性与有效性的测评，避免出现妄加定论的现象。

综上所述，在政策性金融机构综合绩效评价中，必须考虑经营活动的经济性、效率性和有效性，考虑经营活动在经济性、效率性和有效性的前提下所能实现的最佳状态，保证绩效评价结果公平、公正和合理。

（二）"5E"原则论

虽然"3E"原则包含了经济性、效率性和有效性，但其更多强调的是成本的节约和资源使用的合理性，即过于追求经营活动的经济性。之所以会出现这种现象，一方面是因为追求经营活动的经济性可以降低成本、节约资金，有利于西方国家渡过经济萧条时期，这也是西方国家政府推行绩效评价的根本目的；另一方面是因为绩效评价体系推行的初期，缺乏与之相配套的评价制度和方法，其评价体系的构建处于探索之中，相应的机制和体制并不完善。随着经济的不断发展，人们对物质生活质量和精神生活质量的要求越来越高，越来越关注社会福利、收支分配以及生态环境等方面的发展，这时政策性投资项目的地位被提升到一个新的战略高度，其实行的绩效评价也更应该注重对社会、自然生态环境方面的影响，即考核在社会性、生态性方面的绩效。在这样的原则基础上，增加公平性（equity）和生态性（ecology）两原则，以此突出政策性投资项目在社会发展、生态环境方面的绩效评价。它们与经济性、效率性和有效性一起构成了一个相互联系、相互影响的评价指标构建的原则框架，即"5E"原则。这里对新增的公平性和生态性原则做进一步解释：公平性原则强调"权利"，不仅包括资源与环境上共享的公平，还包括财富分配公平，体现了社会的公平程度。政策性投资项目作为国家政策战略的支持者和响应者，理应在绩效评价中考虑公平性指标，并从社会层面考察政策性投资项目对社会公平的影响。生态性（环保性）原则强调"环境的可持续"，不仅包括政策性投资项目对环境的影响，还包括政策性投资项目与环境的统一。生态性指标衡量政策性投资项目对环境的影响程度，是投资项目安全性、环保性以及可持续性的表现，是政府在政策性投资项目决策中所必须考虑的重要因素之一。由此可以看出，由"3E"原则演进"5E"原则后，政策性投资项目绩效评价显得更为全面和科学。而政策性金融机构作为政府公共金融方面的投资支持方，其绩效评价指标体系的构建也要牢牢依据该原则，这样才能保证该绩效评价指标体系的科学性和权威性。

（三）全面性与总体性相结合原则

总的来讲，我国政策性金融机构综合绩效不仅包括对经济系统、社会系统和生态系统的考核，还包括对经营绩效和公共绩效的考核。同时，公共绩效的考核力度也要大大的高于前者，这也是政策性金融机构实施其政策性功能的最重要体现，决定自身可持续发展的潜在保障。因此，要对该机构进行绩效评价，就必须坚持全面性与总体性原则，将对三个系统（经济、社会和生态）和两个维度（经营绩效和公共绩效）的考核进行多层面的结合，这样才能保证所得评价结果的准确性和科学性。在政策性金融机构发展的过程中，绩效评价体现在三个系统（经济、社会和生态）和两个维度（经营绩效和公共绩效）方面的作用和地位是不同的，经营绩效是该机构实施公共职能投资的基础，也是赖以生存的长期经营的前提条件，若出现大量的经营亏损，就很难维持该机构的继续生存；公共绩效是政策性金融机构实施政策性职能综合效果的表现，包括对公共基础设施、进出口贸易、"三农"和弱势群体等的支持力度，这些都是政策性金融机构最初组建的目的所在；经济系统绩效是政策性金融机构对经济增长方面的影响，包括对地区的 GDP 和收入等方面，作为其综合绩效考核的必要部分；社会系统绩效是政策性金融机构对社会发展方面的影响，包括对教育、就业和利益相关者满意度等方面，它是综合绩效考核的必要部分；生态系统绩效是政策性金融机构对生态环境方面的影响，包括对资源利用效率、工业三废处理和空气质量等方面，也是综合绩效考核的必要部分。综上所述，本书所构建的政策性金融机构绩效评价指标体系必须遵循全面性与总体性的原则，才能更好地反映该机构综合绩效的真实情况。

（四）静态评价与动态评价相结合原则

静态评价反映事物现阶段的广度发展水平，而动态评价反映事物深度的变化趋势，两者的结合才能达到有效绩效评价的目的。同时，在运用两者评价时也要兼顾短期绩效与长期绩效，这样所构建的政策性金融机构绩效评价体系才更为科学合理。因为政策性金融机构向相关企业投放的贷款利率是较为优惠的，贷款周期也是较为长久的，这就要求短期的经营状况必须以保证不能亏损为前提，才能实现可持续的长期经营。而长期政策性功能目标的实现则是较为滞后的，也是最为重要的，包括公共基础设施建设、棚户区改造和精准扶贫等投资项目所反馈的政策性效果都要经历较长的过渡期，因此长期实现的目标效果一定要纳入进来。显然，在考虑构建政策性金融机构绩效评价时，基于评价体系动态化的特点必须将上述短期利益与长期利益相融合，这样才能实现综合绩效考核的真正目的。因此，在构建我国政策性金融机构绩效评价体系时，必须体现短期绩效财务指标与长期绩效政策指标两者相结合的理念，这样才能实现静、动态评价的两者的有效结合。

（五）定量评价与定性评价相结合原则

在对政策性金融机构绩效评价时，应该体现两个方面的考核：一方面是定量考核，最直接地体现于财务指标的经营绩效方面；另一方面是定性考核，侧重于非财务指标的社会绩效方面，包括对经济、社会和生态系统的影响以及对公共职能部门建设和弱势群体扶持的公共绩效。绩效的定量分析是利用计量模型对相关的财务数据进行实证分析，可以提高其评价结果的准确性。而绩效的定性分析也是必不可少的，有些评价指标不能够量化，但是在评价指标体系中又非常重要，故可以对其进行模糊评价分析，增加绩效评价结果的权威性。因此，我国政策性金融机构绩效评价应该注意两种方法的结合，这样才能够保证该构建的科学性和合理性。

（六）科学性与统一性相结合原则

评价指标体系构建的科学性与统一性主要表现在以下几个方面：一是在指标选取方面，要选择那些能够真实客观反映评价对象情况的指标，明确指标选择的目标性和准确性，避免出现模糊不清的情况；二是指标选择要保持统一性，同一评价体系内部的指标在内涵、方法、计算口径等方面应该是统一的，并要求与外部相对应的统计、计划等指标保持一致。三是评价体系中指标的选择要考虑到各层级之间的逻辑结构和联系，能够综合、全面地体现出各层级指标之间的内在联系和数量关系，反映出各指标之间的横纵联系，使之与总体系的构建目标相吻合。政策性金融机构绩效评价体系是一个复杂、有机的网络系统，涉及的要素指标种类繁多，而且各个要素之间相互作用、相互影响。因此，在具体的评价指标设计和遴选过程中，必须坚持科学性与统一性的双原则属性，这样才能使所构建评价指标的彼此关联性和作用性更强。

（七）可比性与可操作性相结合原则

政策性金融机构绩效评价就是将该机构的现有综合经营状况同以往

的综合状况做横纵的比较来判断现阶段所取得的成就和进步。在指标口径设计和方法采用上要实现空间、国际和历史等多维度动态视角的比较，这样才能使获得的评价结果更为科学和准确。同时，实施可比较指标的前提是必须具有可操作性的指标，如果将可操作性较差的指标做比较，显然得出的评价结果意义是不大的。所谓的可操作性指标就是要求其具有概念通俗易懂、计量标准明确、数据收集易得等特点，在此背景下设计的指标体系应用性才能更为广泛和科学。

（八）系统性与战略性相结合原则

绩效评价指标体系的构建是一个全面系统分析和有效战略实施相结合的过程。系统性原则就是要求对评价指标进行最大程度的优化处理，保证指标设计的合理性和有效性。其中，包括指标重要程度的区分、关联度的识别、合理构成度的判断和权重比例的设置等。战略性原则就是将企业自身的战略思想融入评价指标当中，通过评价结果获得反馈信息来促成企业战略目标的实现。故在构建政策性金融机构绩效评价指标时，所依据的系统性与战略性原则都是必不可少的，只有这样建立起来的评价体系才能显得更为准确和科学。

（九）价值取向与目标导向相结合原则

绩效评价的目的并不是简单地对被评价对象作出绩效优劣和排名顺序的判断，而是导引该评价对象如何更好地接近策略目标的实现度。政策性金融机构作为国家的公共政策职能部门，其目标的实现程度最主要由绩效评价指标来衡量，故所构建的指标体系中必须要能够反映政府在公共金融方面支出的经济性、有效性、公平性和生态性等具体要求，这样才能体现政府部门和金融监管当局的价值取向。同时，还要注意通过政策性金融机构的绩效评价结果引导和控制其经营行为，并强化绩效评价的目标导向作用。

第二节　政策性金融机构绩效评价
指标体系的初步建立

指标是指反映总体现象的特定概念和具体数值。按汉语词典的意思将其解释为预期中打算达到的指数、规格、标准。指标体系就是把评价目标进行逐级分解后得到一个具有层次性和联系性的系列指标集合体。该集合体包括分解的一级指标、二级指标、三级指标等。考虑到衡量政策性金融机构综合绩效情况的因素是多样和复杂的，故其评价指标体系的构建将涵盖对经济、社会、生态、经营状况和公共效果等诸多方面的考量，其评价指标的分解也依据实际情况而定。以下是该评价指标体系的具体构建过程。

一、绩效评价指标的借鉴

政策性金融机构绩效评价指标的借鉴是一个非常重要的参考过程。通过对相关文献的查阅和浏览，我们很难发现一个较为完整的政策性金融机构绩效考核体系，只能找到一些较分散的见解和建议。但是事物之间是有内在联系的，通过捕捉一些共性特征，我们可以得到一些相近的绩效评价指标体系，以此作为绩效评价指标的借鉴，完善绩效评价体系的构建。

本书参考的现有绩效考核指标，主要来源于两个渠道，一部分是来源于权威机构，一部分是来源于专家和学者。

权威机构：2000 年中国人民银行颁布的《国有独资商业银行考核评价办法》和 2002 年《商业银行内部控制指引》；2004 年中国银监会颁布的《股份制商业银行风险评级体系（暂行）》和 2005 年《商业银行风险预警操作指引（试行）》；2002 年财政部颁布的《商业银行绩效评价指标体系》和 2009 年《金融类国有及国有控股企业绩效评价实施

细则》、2011 年《金融企业绩效评价办法》和 2016 年《金融企业绩效评价办法（修订）》；2015 年的《国家开发银行可持续发展报告》等等。

专家和学者：哈罗德·弗里德等（Harold O. Fried et al.，1993）的《美国信用联盟绩效评价》、乔安娜·雷格伍德（2000）的《小额金融信贷手册：金融业和公司运作的透视与展望》、李建军（2004）的《国有商业银行公共性绩效评价体系》、朱晓旸（2010）的《多重目标的国有企业绩效评价体系》、刘子赫（2012）的《我国政策性银行绩效评价指标体系的构建》、杨锡春（2012）的《公共投资项目绩效评价体系》、邱兆祥和孙建星（2012）的《日本农业政策性银行绩效评价方法分析及经验借鉴》、陈小丽（2015）的《湖北省民族地区扶贫绩效指标评价体系》、景杰和杜运伟（2015）的《政府生态管理绩效评价体系》、林春和王伟（2015）的《基于财务视角对政策性银行经营效率的研究》、李鹏（2013）的《中国财政投融资资金运用绩效评价体系》、文宁（2014）的《我国中小企业对外直接投资绩效评价指标体系》、肖翔和洪欣（2014）的《普惠金融指数的编制研究》、李栋林（2016）的《财政支持新型城镇化建设绩效评价体系》、林春（2016）的《基于 DEA – Malmquist 指数的中国政策性银行效率评价》、王海净等（2016）的《扶贫社经济性（可持续发展）评价指标体系》、吴新叶（2016）的《农村社会治理的绩效指标体系》、王伟和金春红（2016）的《经济有效性视角下中国政策性银行效率水平测度与评价》、高霞（2016）的《当代普惠金融理论及中国相关对策研究》、田晋等（2017）的《民族地区村级精准扶贫绩效评价指标体系构建研究》，等等。

（一）经济系统指标借鉴

经济系统是指相互联系、作用的若干经济元素所组成的具有特定功能的有机整体，并作以"物质和非物质生产系统"广义上的和"社会再生产过程中的生产、交换、分配等各环节"狭义上的具体区分。政策性金融作为我国金融系统的重要组成部分，而金融系统又作为国民经济系统的核心组成部分，政策性金融机构综合经营状况的好坏会直接影响到我国经济系统的运行效率，若经营状况良好会加速经济系统的运行效率，反之则会阻碍经济系统的运行效率。因此在衡量政策性金融机构的经营状况时，可以考虑将对经济系统的作用效果作为综合绩效评价的"一定比例"部分（见表4－1）。

表4－1　　　　　　　　　　经济系统方面指标借鉴

	具体指标参考
经济系统方面	地区生产总值、全社会固定资产投资、人均地方财政预算收入、人均农村经济总产值、规模以上工业增加值、人均 GDP 增长率、物价状况、人均地区生产总值、人均财政收入、三次产业占比、财政总支出、产业结构升级、国际收支状况、城镇居民人均可支配收入、农民人均收入、产业结构优化、地方公共财政预算收入、收入分配状况、劳动生产率、单位面积粮食产量、人均财政支出、人均饲养牲畜头数、农民人均纯收入、财政总收入、人均经济林面积、农民人均固定资产原值、技术进步效益、时间成本、促进国民经济发展程度、对居民收入的影响、促进地区经济发展、单位投资的就业效果、产业结构合理程度、经济发展系数、财政收入增长率、可持续发展能力、服务水平提高、降低营运成本、旅客时间节省、减少交通事故、行政成本下降率、业务处理效率提高率、对当地经济发展环境及交通运输压力影响等

（二）社会系统指标借鉴

社会系统是指出于某种共同价值观或社会意愿等多种原因而组织在一起的较为复杂且重要的系统，通过自身的知识和文化向社会环境提供系统资源以供系统内部生产产品或服务，以此来贡献社会环境实现其价值功能。该系统与其他无生命的系统相比，具有若干特殊的情况和性质，显得更为复杂。[①] 而政策性金融机构作为我国公共金融机构的职能部门，国家通过向该部门投入政策性资金来输出政策性金融产品，发挥对弱势群体的政策性扶植功能，以此来实现其政策目标。弱势群体在社会中占有很大的比例，政策职能的发挥对社会各类组织的福利水平完善

---

① 董淑英：《一般社会系统的定义及系统决策》，中国系统工程学会决策科学专业委员会 2007 年学术年会。

具有重要的提升作用,强化了金融服务社会实体的吻合度,推进了整个社会发展进程的步伐。因此在衡量政策性金融机构经营状况时,可以考虑将对社会发展的作用效果作为综合绩效评价的"一定比例"部分(见表4-2)。

表4-2 社会系统方面指标借鉴

	具体指标参考
社会系统方面	教育经费投入、居民安全饮水率、政府满意度、环保群体性事件发生率、对当地人民生活的影响、人均受教育水平、教育水平、居民满意度、就业效益、对社区基础设施的影响、医疗保险、基础设施状况、弱势群体满意度、城镇化状况、对文化事业的影响、社会保障状况、项目与项目区生活条件的关系、社会治安状况、享受社会保障人口比重、适龄儿童入学率、对当地人民文化娱乐的影响、农村剩余劳动力转移比率、对教育事业的影响、四通率①、各类企事业单位满意度、钢混结构及砖木结构房屋面积比重、对民族团结的影响、对当地宗教信仰的影响、女性就业比重及变化程度、对当地人民风俗习惯的影响、对当地政府和管理机构的影响、对控制人口的影响、当地政府和民众对项目的态度、对社区居住条件的影响、少数民族满意度、对社区基础设施的影响、对社区福利的影响、对社区社会保障的影响、服务对象满意度、对社会贡献度、卫生条件、生活水平、提升形象等

(三)生态系统指标借鉴

生态系统是指生物与环境在自然界的一定空间内相互影响、彼此制约所达到的一种稳态下构成的整体。这里有一个更为广义的概念,随着人们社会生活水平的发展,生态系统被延伸为更具体的经济、文化、政治、社会等视角下的生态系统。本书的"生态系统"特指的是"经济生态系统",考虑的是社会上发生的经济活动对环境的影响效应,政策性金融机构作为现代金融经济体的重要组成部分,在从事政策性金融业务时,尤其是偏重对截污减排、环保节能、清洁及可再生能源利用等政策性项目的贷款支持,这些都会对周围生态环境的改善产生较大的正面影响,这也与金融发展依赖于环境又影响着环境的结论不谋而合。早期

---

① 四通率是指贫困村通电、通话、通路、通水农户占总农户数的比率,是反映贫困村基础设施状况的重要参考指数。

白钦先（1989）在《比较银行学》中提出"金融运转环境"[1] 和后期周小川（2004）提出的"金融生态"[2] 以及徐诺金（2007）提出的"金融生态环境"[3] 等都给予政策性金融机构经营活动对生态系统重要影响的例论支持和佐证。故在衡量政策性金融机构经营状况时，可以考虑将对环境改善的作用效果作为综合绩效评价的"一定比例"部分（见表4－3）。

表4－3　　　　　　　　　　　生态系统方面指标借鉴

	具体指标参考
生态系统方面	城市水污染防治项目、环境保护行政投入、生态环境建设投入、空气质量指数、二氧化硫排放量、氮氧化物排放量、有效灌溉面积比重、污水处理率、工业固体废物综合利用率、人均绿地面积、生态省市县面积占比、自然保护区面积占比、单位 GDP 能耗、ISO1400 环境认证数量、当年退耕还林（草）率、区域大气污染防治项目、生活垃圾资源化和无害化处置、危险废弃和医疗废物处置、园林绿化、流域水污染防治项目、环境综合性治理项目、林业和荒漠化治理及退耕还林、区域发展规划的生态环境目标、自然保护区、农村环境污染防治项目、化学需氧量排放量、燃煤电厂脱硫工程、工业污染治理、资源再生及综合利用、耕地受灾面积比例、工业搬迁及技术改造升级、火电节能项目、森林覆盖率、节能减排新技术研发和产业化示范项目、贷款项目环评率、节能减排专业设备制造、节能环保服务业、农户沼气池普及率、节能环保企业流动资金类项目、生活垃圾处理率、清洁及可再生能源利用项目、氨氮排放量等

（四）经营绩效指标借鉴

经营绩效是指企业经过营运管理最终所反映出的经营效果，该经营效果直观反映在企业的整体财务状况和经营成果方面。其主要是依据报表中的资产负债表、现金流量表、利润表及其附注等体现的。它所反映的是一种以客观性和真实性为目的的静态评价，不带有任何的主观色彩，能够非常准确地反映现阶段企业的真实经营状况，并以此为依据对企业经营策略作出战略性的调整，实现企业最大经营效益目标。政策性

---

[1]　白钦先：《比较银行学》，河南人民出版社1989年版，第72页。

[2]　周小川：《完善法律制度，改进金融生态》，金融时报，2004年12月7日。

[3]　徐诺金：《金融生态论》，中国金融出版社2007年版，第98～105页。

金融机构作为一种不以营利为目的、坚持保本微利经营原则下的特殊企业，一定要注重其经营绩效，必须要求财务上是稳健的，这是可持续发展经营的前提条件，只有这样才能保证政策性金融机构良好的经营状况，进而促进政策性目标的实现，故在衡量该机构的综合绩效时，经营绩效可以作为其考核的重要组成部分（见表4-4）。

表4-4　　　　　　　　　经营绩效方面指标借鉴

	具体指标参考
经营绩效方面	资金成本收入比、营业自足率、资产利用率、资产回报率、总资产存款比率、操作成本收入比、资产增长率、净利润增长率、贷款额增长率、贷款笔数增长率、员工平均利润率、资本充足率、利息收回率、资产收益率、非流动资产周转率、资本利润率、综合效率比、支付利息满足率、总资产、贷款余额、贷款拨备率、发行债券余额、净利润、股东权益资产收益率、净资产收益率、流动比率、速动比率、现金比率、现金流量比率、产权比率、利息保障倍数、现金流量债务比、长期资本负债率、应收账款周转率、存货周转率、流动资产周转率、资产负债率、营运资本周转率、不良贷款率、总资产周转率、销售净利率、权益净利率、市盈率、市净率、市销率、权益乘数、总债务存量比、营运资本等

（五）公共绩效指标借鉴

公共绩效是指对公共支出活动所取得的社会经济效益进行综合性评价的一种活动，其核心是强调管理中的目标与结果及结果有效性的关系。它同一般的企业绩效不同，因其具有公共属性等特征，故在评价时更多倾向于对社会效益的考核。政策性金融机构作为我国的公共机构部门，主要承载着政策性业务和社会责任，虽然创造的微观经济效益较少，但却实现了国家的战略规划目标。这些政策性、社会性职责的履行直接或间接地促进了公共基础设施、"三农"、进出口贸易、棚户区改造、公益性活动、医疗卫生等社会公共项目的完善，并对整体社会福利制度的完善和水平的提高具有重要的促进作用。而公共项目所反映出来的效果恰恰是政策性金融机构最主要的社会效益展现，故公共绩效应该作为政策性金融机构综合绩效最主要的考核部分（见表4-5）。

表4－5　　　　　　　　　　公共绩效方面指标借鉴

具体指标参考
公共绩效方面	贫困人口、小微企业贷款获得率、减贫人口、扶贫资金、整村推进、重大水利工程贷款、扶贫搬迁、异地扶贫搬迁贷款、水利过桥贷款、小微企业储户数与总储户数间的比率、支农贷款、贫困发生率、有贷款余额或授信额度的小微企业比例、扶贫对象、"一带一路"贷款、低保对象、铁路行业余额、在正规金融机构开立账户的小微企业比例、"两优"贷款①、电力行业余额、农田建设贷款、中西部贷款发放额、外币贷款余额、小微企业贷款余额与总贷款余额间的比例、棚户区改造贷款发放额、小微经营者平均贷款利率、棚户区改造贷款累计惠及人数（万人）、助学贷款发放额、东北老工业基地振兴贷款发放额、助学贷款累计覆盖人数（万人次）、贷款余额的小微企业数与贷款总笔数间的比例、应急贷款发放额、林业利用开发性和政策性金融贷款、城市基础设施贷款发放额、绿色小额贷款发放额、公益捐款（万元）、小微企业户均贷款额、农户贷款户均贷款额、小微企业转贷款、节能环保项目与服务贷款等

二、指标筛选的基本要求

政策性金融机构绩效评价指标筛选的宗旨是能够真实、有效、客观的对评价对象进行评价和反馈，明确工作的目标以及考核的标准，对机构和员工的经营过程和结果进行价值判断，并以此为基础，提出相应问题的解决方案，完善评价体制，以此促进该机构管理水平的提高。同时，也要满足该机构的本质属性特征，体现其长期发展规划的战略发展目标。具体要求如下：

（一）目标导向性

政策性金融机构绩效的评价涉及的方面较广泛，包括经济系统、社会系统、生态系统、经营绩效和公共绩效等。评价指标体系的构建必须体现该机构发展的本质属性要求，并对未来的发展规划目标起到一定的导向作用。

---

①　"两优"贷款是中国援外优惠贷款和优惠出口买方信贷的简称，是中国政府给予发展中国家政府的优惠性资金安排。中国进出口银行是中国政府指定的"两优"贷款业务唯一承办行。

（二）测量针对性

政策性金融机构绩效评价体系构建的关键环节是选择能够反映其特色、真实情况并且具有针对性的指标，其目的在于能够准确地反映政策性金融机构的经营发展状况。同时，有针对性的指标能够准确反映其机构业务的特色，例如中小微企业融资、棚户区改造、精准扶贫、支持三农、一带一路建设等相关数据都是反映政策性金融机构的特色性指标，从而为更全面、更准确的绩效评价指标体系的构建奠定基础。

（三）实用操作性

构建评价指标体系的主要目的是为了能够准确评价中国政策性金融机构的实际经营效果，这样对所构建的绩效评价指标体系就要求必须有实际的操作性，故所选择的评价指标也一定要有实用的价值性，这样在绩效测量和评价中更容易发现问题，通过对问题的修补和完善，进一步促进政策性金融的良性发展。

（四）动态适应性

政策性金融机构是处于不断发展变化之中的，为了体现其动态性，绩效评价指标也需要具有动态性，并能够动态、客观地反映政策性金融机构的真实情况。该评价的最终目的就是评判一种金融制度创新的成效性，通过对自身发展的不断深化和改善，形成适合其生存的竞争力机制，提高整体的运营水平。因此，政策性金融机构绩效评价指标的选取，既要符合当前的国际形势和国家政策，也要符合我国特殊的发展国情，并能够适应未来的发展变化情况。

三、绩效评价指标体系的初步预选

通过对大量相关文献的梳理与回顾，笔者在政策性金融和绩效评价的基本理论指导下，同相关领域的资深专家进行了深入探讨并借鉴已有的学术研究成果，另外，笔者还对当地的政策性金融机构（国开行辽宁省分行、农发行辽宁省分行、进出口行辽宁省分行和中国信保辽宁分公司）和商业性金融机构（中国建设银行辽宁省分行、中国农业银行辽宁省分行、华夏银行沈阳分行、中信银行沈阳分行、中国民生银行沈阳分行、中国人民财产保险股份有限公司辽宁省分公司、中国人寿保险股份有限公司辽宁分公司）进行了实地考察，并与相关的管理人员和从业人员进行座谈、咨询和访问，进一步对其收集的建议采取了系统性、全面性的甄别和筛选，并最终拟订了政策性金融机构的初步绩效评价指标体系。该体系包括 5 个一级指标，13 个二级指标、46 个三级指标。具体指标选择说明如下：

对于经济系统方面，这里主要下设四个指标，分别从经济总量、产业结构、投资水平和收入水平四个方面来考察政策性金融机构投资项目对经济系统的影响。经济总量方面：地区生产总值主要考察该机构投资项目对地区经济发展水平的影响；人均地区生产总值主要考察该机构投资项目对人民生活水平的影响。产业结构方面：产业结构升级水平这里用第三产业增加值占比第二产业来表示，用以衡量该机构投资项目对产业结构调整的纵向影响；产业结构优化水平在这里用第二、第三产业增加值之和占比 GDP 来表示，用以衡量该机构投资项目对产业结构调整的横向影响。投资水平方面：全社会固定资产投资主要考察该机构投资项目对投资规模的影响；规模以上工业增加值主要考察该机构投资项目对大型工业企业在经济中的影响；投融资转化水平主要考察该机构所投入资金总量对所融资金总量的影响。收入水平方面：农民人均纯收入主要考察该机构投资项目对农村居民增收的影响；城镇居民人均可支配收入主要考察该机构投资项目对城镇居民增收的影响。

对于社会系统方面，这里主要下设两个指标，分别从社会发展和利益相关者满意度两个方面来考察政策性金融机构投资项目对社会系统的影响。社会发展方面：基础设施建设覆盖面主要考察该机构投资项目对大型公共基础设施建设（交通、水利等）的影响；教育水平主要考察该机构投资项目对教育状况的影响；城镇化水平主要考察该机构投资项目对推进城市化进程的影响；社会保障水平主要考察该机构投资项目对社会保障程度提升作用的影响。利益相关者满意度方面：政府满意度主要考察该机构作为政府的代理人所执行的政策目标是否让政府满意；弱势群体满意度主要考察该机构对相关弱势群体的扶持是否达到所预期的效果；金融监管当局满意度主要考察该机构在执行政策目标实施时是否严格服从金融监管所要求的原则；社会群众监督满意度主要考察该机构在实施政策目标时是否完全接受社会群众的监督。

对于生态系统方面，这里主要下设两个指标，分别从资源利用和环境影响两个方面来考察政策性金融机构投资项目对节能减排的生态系统影响。资源利用方面：能源利用率主要考察该机构投资项目对能源（煤、石油和天然气）使用效率的影响；土地资源利用率主要考察该机构投资项目对土地资源使用效率的影响；水资源利用率主要考察该机构投资项目对水资源使用效率的影响。环境影响方面：生态环境建设投入主要考察该机构投资项目对生态环境建设的影响；工业三废排放量主要考察该机构投资项目对工业三废（废水、废气和废渣）排放量的影响；空气质量指数主要考察该机构投资项目对雾霾等粉尘颗粒污染物减少的影响。

对于经营绩效方面，这里主要下设三个指标，分别从安全性、盈利性和管理能力三个方面来考察政策性金融机构投资项目对经营状况的影响。安全性方面：不良贷款率主要考察该机构对贷款质量的控制；贷款利息收回率主要考察该机构的贷款利息收入占总利息收入的比重，即体现该机构的经营成果及收益水平；资本充足率主要考察该机构抵御风险的能力。盈利性方面：资产利润率考察该机构在一定时间内实现的利润占当期资产的比重，该指标能够反映该机构的经营管理情况和经济效益；人均利润率从劳动力角度考察该机构的盈利能力，是其机构全体员工在一定时期内所平摊到的利润总额；成本收益率从成本角度考察该机构的盈利能力，是单位成本所获得的利润。管理能力方面：信贷效率主要考察该机构贷款审批和放贷的效率；信贷风险控制水平主要考察该机构贷款风险的控制能力；创新能力主要考察该机构对客户所需求产品的创新力度。

对于公共绩效方面，这里主要下设两个指标，分别从社会福利水平和公共项目支持两个方面来考察政策性金融机构投资项目对公共职能完善的影响。社会福利水平方面：民生改善状况主要考察该机构投资项目对人民生活质量改善状况的影响；脱贫效果反馈情况主要考察该机构投资项目对精准扶贫效果的影响；社会责任承担表现主要考察该机构投资项目所承担社会主要责任的情况；社会保障系统完善度主要考察该机构投资项目促进社会保障的完善程度；社会公益事业参与度主要考察该机构投资项目对社会公益事业（圆梦助学计划）的影响。公共项目支持方面：中小微企业贷款发放额主要考察该机构投资项目对中小微企业的支持程度；棚户区改造贷款发放额主要考察该机构投资项目对棚户区改造的支持程度；支持三农贷款发放额主要考察该机构投资项目对三农（农业、农村和农民）的支持程度；扶贫贷款累计发放额主要考察该机构投资项目对扶贫的支持程度；助学贷款发放额主要考察该机构投资项目对实施助学圆梦计划的支持程度；基础设施建设贷款发放额主要考察该机构投资项目对基础设施建设的支持程度；绿色贷款发放额主要考察该机构投资项目对环保节能的支持程度。

综合上面指标的具体预选说明，最终形成了初始预选下的中国政策性金融机构绩效评价指标体系（见表4-6）。

表4-6 中国政策性金融机构绩效评价指标体系（初始预选表）

	一级指标	二级指标	三级指标
中国政策性金融机构绩效评价指标体系	经济系统	经济总量	地区生产总值
			人均地区生产总值
		产业结构	产业结构升级水平
			产业结构优化水平
		投资水平	全社会固定资产投资
			规模以上工业增加值
			投融资转化水平
		收入水平	农民人均纯收入
			城镇居民人均可支配收入

续表

	一级指标	二级指标	三级指标
中国政策性金融机构绩效评价指标体系	社会系统	社会发展	基础设施建设覆盖面
			教育水平
			城镇化水平
			社会保障水平
		利益相关者满意度	政府满意度
			弱势群体满意度
			金融监管当局满意度
			社会群众监督满意度
	生态系统	资源利用	能源利用率
			土地资源利用率
			水资源利用率
		环境影响	生态环境建设投入
			工业三废排放量
			空气质量指数
	经营绩效	安全性	不良贷款率
			贷款利息收回率
			资本充足率
		盈利性	资产利润率
			人均利润率
			成本收益率
		管理能力	信贷效率
			信贷风险控制水平
			创新能力
	公共绩效	社会福利水平	民生改善状况
			脱贫效果反馈情况
			社会责任承担表现
			社会保障系统完善度
			社会公益事业参与度

续表

	一级指标	二级指标	三级指标
中国政策性金融机构绩效评价指标体系	公共绩效	公共项目支持	中小微企业贷款发放额
			棚户区改造贷款发放额
			支持"三农"贷款发放额
			扶贫贷款累计发放额
			助学贷款发放额
			基础设施建设贷款发放额
			绿色贷款发放额

第三节 政策性金融机构绩效评价指标体系的确立

一、第一轮专家意见法的指标筛选

专家意见法（Delphi method）主要是指调查者按照既定的程序，征询专家小组成员的意见，而专家小组成员之间不发生任何联系，采用匿名的方式提交意见。经过几轮征询，使意见趋于一致，最终获得对市场发展趋势的预测。

（一）专家意见法的基本内涵

专家意见法主要应用于公司治理和企业管理中，用以解决企业发展过程中遇到的管理问题。本书研究的是中国政策性金融机构绩效评价指标体系的构建，为了获得不同专家的意见来进行绩效测评，使研究过程更加规范，因此参考专家意见法的询问方式。

为了更好地应用专家意见法，在选择专家时应遵循以下几点：①意见独立性。专家小组的专家应具有脱离于企业和其他机构力量的独立性，在意见征询过程中，应保证其能坚持己见，不受其他力量干扰，避免意见出现"趋同"现象。②专业性。作为专家小组的专家应具有其要评价体系的专业知识，能够提供专业的评价和见解。本书旨在评价中国政策性金融机构的整体绩效状况，应从多角度进行测评，为了保证专家意见的全面性，其专家小组成员应包括学术领域的学者、金融领域的工作人员和监管机构的监管人员等。③知识全面性。知识全面性是指专家既要拥有所测评领域的专业性技能和专业性知识，也要知晓所测评领域的未来发展状况。同时，专家小组的成员也应对测评所使用的方法有所了解，并进行积极的配合。

（二）第一轮专家意见法的基本情况

在使用专家意见法进行测评时，专家人数越多，所提供的意见越全面，测评结果的精准度越高，可以说专家小组成员的人数对测评结果有很大的正向影响。一般来说，在进行问询时，专家小组成员数应不少于10人，这样得到的测评结果较为精准，但当人数大于20人时，对测评结果精准度影响不大。在普通规模的专家测评中，专家小组成员数保持在10～16人，就可以得到较为满意的精准度。因此，本书根据上述情况，将第一轮的专家组成员数定为16人，发出意见征询函16份，收到14份有效回复，回收率为87.5%（见表4-7）。

表4-7 第一轮专家基本情况

		第一轮问询	
		人数	占比（%）
学术领域学者	副教授	3	18.75
	教授	6	37.50
金融机构从业人员	政策性金融机构	3	18.75
	商业性金融机构	1	6.25
金融机构监管人员	人民银行	2	12.50
	银保监局	1	6.25

（三）第一轮专家的问询结果

本书采用了李克特量表对拟订指标进行评分加总测量统计，主要对该项指标的存在是否合理进行了相应的打分。采取"完全合理""合理""一般""不合理""完全不合理"五种回答，分别记分为 5 分、4 分、3 分、2 分、1 分。最后对所得到的相关反馈数据进行整理和统计，计算出每个指标的算术平均值和离散系数，从而进行评分，因为离散系数反映了该得分数值的偏离程度，如果系数小，则说明得分数值间隔小，其得分的平均值更具意义。具体操作说明如下：第一轮专家咨询结束就会进入相应的问卷数据整理阶段，在 Excel 表格中录入各专家的基本情况和具体指标的打分情况，采用 Spss11.0 统计软件计算各指标的算术平均值和变异系数，并进行首次的筛选。首先要计算各指标的评分值，即可看作评分的均值，其计算公式如下：

$$y = \mu = \frac{\sum_{i=1}^{n} c_i a_i}{N} \quad (i = 1, 2, \cdots, 5)$$

其中，y 是指标评分值，μ 为赋值均数，c_i 为评分等级赋值，a_i 为评分赋值为 i 时的人数，N 为参加评价的总人数。根据专家问卷上所反映出的具体情况，本书将计算出的赋值均数 $\mu \geq 3.5$ 视为有效，并暂时保留，其余的进行剔除。然后根据赋值均数计算变异系数，作为衡量各指标变异程度的统计量，其计算公式如下：

$$CV = \frac{\sigma}{\mu} = \frac{\sqrt{\frac{1}{N} \sum_{i=1}^{N} (x_i - \mu)^2}}{\left(\frac{1}{N} \sum_{i=1}^{N} x_i\right)}$$

其中，σ 为标准差，x_i 为专家对各指标的打分值。N 为参加评价总人数，此时的 $N = 16$。筛选分析时，由于备选指标的评分量纲一致并且取值区间较小，所以在分别计算指标的变异系数后，仅保留变异在 0.1 和 0.2 之间的指标，即：将计算出的变异系数 $0.1 < CV < 0.2$ 视为有效，

暂且保留，否则剔除。上述计算均通过 Spss11.0 来完成，通过对问卷结果的统计分析，分别得到表 4 - 8、表 4 - 9 和表 4 - 10。

表 4 - 8 第一轮专家意见法一级指标得分结果

一级指标	平均值	标准差	变异系数	最小值	最大值	结果
经济系统	4.250	0.683	0.161	3	5	√
社会系统	4.375	0.619	0.141	3	5	√
生态系统	4.125	0.806	0.195	3	5	√
经营绩效	4.063	0.772	0.190	3	5	√
公共绩效	4.625	0.500	0.108	4	5	√

注："√"代表"保留"；"○"代表"修改"；"×"代表"删除"。

表 4 - 9 第一轮专家意见法二级指标得分结果

二级指标	平均值	标准差	变异系数	最小值	最大值	结果
经济总量	4.063	0.680	0.167	3	5	√
产业结构	4.375	0.500	0.114	4	5	√
投资水平	4.063	0.772	0.190	3	5	√
收入水平	4.313	0.602	0.140	3	5	√
社会发展	4.375	0.619	0.141	3	5	√
利益相关者满意度	4.000	0.730	0.183	3	5	√
资源利用	4.063	0.680	0.167	3	5	√
环境影响	3.938	0.772	0.196	3	5	√
安全性	4.063	0.772	0.190	3	5	√
盈利性	3.625	0.719	0.198	3	5	√
管理能力	3.938	0.772	0.196	3	5	√
社会福利水平	4.438	0.727	0.164	3	5	√
公共项目支持	4.438	0.629	0.142	3	5	√

注："√"代表"保留"；"○"代表"修改"；"×"代表"删除"。

表 4 - 10　　　　　　　　　第一轮专家意见法三级指标得分结果

三级指标	平均值	标准差	变异系数	最小值	最大值	结果
地区生产总值	3.875	0.619	0.160	3	5	√
人均地区生产总值	3.938	0.680	0.173	3	5	√
产业结构升级水平	4.313	0.704	0.163	3	5	√
产业结构优化水平	4.250	0.775	0.182	3	5	√
全社会固定资产投资	3.875	0.719	0.185	3	5	√
规模以上工业增加值	3.438	0.892	0.259	2	5	×
投融资转化水平	3.689	0.793	0.215	3	5	○
农民人均纯收入	3.875	0.719	0.185	3	5	√
城镇居民人均可支配收入	4.063	0.680	0.167	3	5	√
基础设施建设覆盖面	4.188	0.750	0.179	3	5	○
教育水平	4.063	0.772	0.190	3	5	√
城镇化水平	4.063	0.772	0.190	3	5	√
社会保障水平	4.125	0.957	0.232	3	5	×
政府满意度	3.625	0.719	0.198	3	5	√
弱势群体满意度	3.875	0.719	0.185	3	5	√
金融监管当局满意度	4.125	0.806	0.195	3	5	√
社会群众监督满意度	4.063	0.772	0.1901	3	5	√
能源利用率	4.188	0.750	0.179	3	5	√
土地资源利用率	4.188	0.750	0.179	3	5	√
水资源利用率	4.250	0.775	0.182	3	5	√
生态环境建设投入	3.483	0.894	0.255	2	5	×
工业三废排放量	3.938	0.772	0.196	3	5	○
空气质量指数	3.938	0.680	0.173	3	5	√
不良贷款率	3.563	0.629	0.177	3	5	√
贷款利息收回率	3.500	0.516	0.147	3	4	√
资本充足率	3.875	0.500	0.129	3	5	√
资产利润率	3.625	0.500	0.138	3	4	√

三级指标	平均值	标准差	变异系数	最小值	最大值	结果
人均利润率	3.625	0.619	0.171	3	5	○
成本收益率	3.625	0.619	0.171	3	5	○
信贷效率	3.563	0.629	0.177	3	5	√
信贷风险控制水平	3.563	0.629	0.177	3	5	√
创新能力	3.625	0.619	0.171	3	5	○
民生改善状况	4.500	0.730	0.162	3	5	×
脱贫效果反馈情况	4.625	0.619	0.134	3	5	√
社会责任承担表现	4.250	0.683	0.161	3	5	×
社会保障系统完善度	4.438	0.512	0.115	4	5	○
社会公益事业参与度	4.375	0.719	0.164	3	5	○
中小微企业贷款发放额	4.125	0.619	0.150	3	5	√
棚户区改造贷款发放额	4.375	0.719	0.165	3	5	√
支持"三农"贷款发放额	4.250	0.775	0.182	3	5	√
扶贫贷款累计发放额	4.313	0.704	0.163	3	5	√
助学贷款发放额	4.563	0.629	0.138	3	5	√
基础设施建设贷款发放额	4.563	0.629	0.138	3	5	√
绿色贷款发放额	4.188	0.834	0.199	3	5	√

注："√"代表"保留";"○"代表"修改";"×"代表"删除"。

从表4-8可以看出，5个一级指标（经济系统、社会系统、生态系统、经营绩效、公共绩效）所得分的平均值均超过3.5，其变异系数也均小于0.2，即专家（学者）对于该一级指标的选取意见比较接近，修改意见栏也未提出任何异议，故符合作为一级指标的基本要求。同时，公共绩效的得分平均值最高且波动较小，而经营绩效的得分平均值最低，也进一步彰显了政策性金融机构发挥公共职能的重要性。

从表4-9可以看出，13个二级指标（经济总量、产业结构、投资水平、收入水平、社会发展、利益相关者满意度、资源利用、环境影响、安全性、盈利性、管理能力、社会福利水平、公共项目支持）所得分的平均值均超过 3.5，其变异系数也均小于 0.2，即专家（学者）对于该二级指标的选取意见比较接近，修改意见栏也未提出任何异议，故符合作为二级指标的基本要求。同时，社会福利水平、公共项目支持的平均值得分最高，可见，专家（学者）再次对政策性金融机构公共职能定位的肯定。

从表 4-10 可以看出，44 个三级指标（地区生产总值、人均地区生产总值、产业结构升级水平、产业结构优化水平、全社会固定资产投资、规模以上工业增加值、投融资转化水平、农民人均纯收入、城镇居民人均可支配收入、基础设施建设覆盖面、教育水平、城镇化水平、社会保障水平、政府满意度、弱势群体满意度、金融监管当局满意度、社会群众监督满意度、能源利用率、土地资源利用率、水资源利用率、生态环境建设投入、工业三废排放量、空气质量指数、不良贷款率、贷款利息收回率、资本充足率、资产利润率、人均利润率、成本收益率、信贷效率、信贷风险控制水平、创新能力、民生改善状况、脱贫效果反馈情况、社会责任承担表现、社会保障系统完善度、社会公益事业参与度、中小微企业贷款发放额、棚户区改造贷款发放额、支持三农贷款发放额、扶贫贷款累计发放额、助学贷款发放额、基础设施建设贷款发放额、绿色贷款发放额）得分的平均值和变异系数在符合基本要求上出现了较大的差异。其中，规模以上工业增加值和生态环境建设投入的得分平均值均小于 3.5，规模以上工业增加值、投融资转化水平、社会保障水平和生态环境建设投入的变异系数也均大于 0.2。同时，收集了专家（学者）对三级指标的设定给予的大量修改建议。

（四）指标体系修改

根据第一轮专家意见法的调研结果，综合考虑实际情况，对预选的政策性金融机构绩效评价指标进行了相应的删除与调整。

1. 指标删除部分。

对于书中预选指标，经过计算离散系数判定和专家（学者）的反馈修改意见综合考虑，主要删除了"规模以上工业增加值""社会保障水平""生态环境建设投入""社会责任承担表现""民生改善状况"五个三级指标。专家（学者）反馈信息如下："规模以上工业增加值"的增加值不是衡量投资的，故建议删除掉；"社会保障水平"这个指标和后面的"社会保障系统完善度"重复，故建议删除掉；"生态环境建设投入"这个指标不是单纯反映环境影响，和后面的环境影响指标不一致，故建议删除掉；"社会责任承担表现"与社会公益事业参与度重复，故建议删除掉。"民生改善状况"指标与社会福利水平下的其他三级指标存在重复的可能，故建议删除掉。

2. 指标修改部分。

通过对调查问卷反馈信息的查阅和整理，发现了专家（学者）对于书中预选指标提出很多的修改建议，包括所设计的指标内容过于笼统、指标内涵不一致等问题。具体修改如下："投融资转化水平"指标，专家（学者）反馈指出这个和单纯的投资指标——全社会固定资产投资是不一样的，并且这两个指标的内涵也不一致，故放在一起不合适。笔者结合修改建议和查阅相关资料，最后将其修改为投资效率水平；"基础设施建设覆盖面"指标，专家（学者）反馈指出该指标较笼统，需要进一步量化。笔者结合修改建议和查阅相关资料，最后将其修改为公共基础设施建设覆盖面；"工业三废排放量"指标，专家（学者）反馈指出工业三废的计量单位不统一，故废水、废气、固体废弃物三类需要分开。笔者结合修改建议和查阅相关资料，最后将其修改为三个三级指标，分别为废水排放量（万吨）、废气排放量（亿标立方米）和废渣排放量（万吨）；"人均利润率"指标，专家（学者）反馈指出该指标在衡量盈利性指标时不够准确，可以将其更具体化。笔者结合修改建议和查阅相关资料，最后将其修改为人均净利润；"成本收益率"指标，专家（学者）反馈指出该指标在衡量盈利性指标上也同样不够准确。笔者结合修改建议和查阅相关资料，最后将其修改为资本净利率；"创新能力"指标，专家（学者）反馈指出该指标较为笼统，具体体现在哪些方面的创新，要有针对性地提出。笔者结合修改建议和查阅相关资料，最后将其修改为产品和服务创新能力；"社会保障系统完善度"指标，专家（学者）反馈指出该指标较笼统，社会保障系统范围太过宽泛，需要具体量化。笔者结合修改建议和查阅相关资料，最后将其修改为社会医疗、养老等保障系统覆盖度；"社会公益事业参与度"指标，专家（学者）反馈的内容是该指标具体指什么以及如何体现福利水平？笔者结合修改建议和查阅相关资料，最后将其修改为教育文化事业参与度。

3. 指标添加部分。

结合专家（学者）的反馈意见和政策性金融机构现阶段的发展趋势，并考虑到设计指标的全面性和动态性，进一步添加新的绩效评价指标。具体如下，将"农村固定资产投资"添加为投资水平指标下的三级指标，便于对全社会固定资产投资指标进一步细分；将"城乡收入对比"添加为收入水平指标下的三级指标，缩小城乡收入差距一直是国家关注的宏观政策目标，也是解决三农问题的重要着眼点。同时，政策性金融机构也一直致力于宏观政策目标的实现，故将城乡收入对比指标纳入进来，显得更为全面和合理；将"劳动力就业水平"添加为社会发展指标下的三级指标，较好的劳动就业率是关系到社会稳定的重要条件，政策性金融机构在促进社会就业方面做出了应有的贡献，故劳动力就业水平是社会发展不可或缺的部分。将"企业满意度"添加为投资水平指标下的三级指标，政策性金融机构主要服务于国家政策发展需要的弱势企业，故企业满意度对政策性金融机构的考核是非常重要的。将"一带一路"建设贷款发放额添加为公共项目支持下的三级指标，"一带一路"建设特别是基础设施项目资金投入大、建设周期长且风险较高，需要灵活高效、丰富多样的金融支持，而政策性金融具有的独特性质和优势，使其在支持"一带一路"建设中发挥了不可替代的作用。

综合第一轮的专家（学者）的反馈意见，笔者对相关的绩效评价指标做了相应的修改与完善，并将修正的政策性金融机构绩效评价指标体系在第二轮专家意见法的调研中得以进一步确认。

二、第二轮专家意见法的指标筛选

(一) 第二轮专家意见法基本情况介绍

在第一轮专家意见法进行调研的基础上，得到了 14 位来自不同专业领域的专家的反馈，在此基础上，我们对这 14 位专家又进行了第二次访问，得到 14 位专家的有效反馈，反馈率为 100%。具体的专家组成员构成参见表 4-11，既包括理论界的专家（学者）7 人（副教授 2 人和教授 5 人），又包括实务界的专家 7 人（政策性金融机构 3 人、商业性金融机构 1 人、人民银行 2 人和银保监局 1 人），整体上专家组的成员结构是较为合理的，相应获得专家反馈信息的精准度也是较高的。

表 4-11　　　　　　　　　　第二轮专家基本情况

		第二轮问询	
		人数	占比（%）
学术领域学者	副教授	2	14.29
	教授	5	35.71
金融机构从业人员	政策性金融机构	3	21.43
	商业性金融机构	1	7.14
金融机构监管人员	人民银行	2	14.29
	银保监局	1	7.14

本轮调研的主要目的有以下几点：（1）再次打分，通过统计筛选指标。（2）确认指标的可得性。（3）添加合理化建议中对指标体系的修正。

(二) 第二轮专家的问询结果

本书继续采用了李克特量表对拟订指标进行评分加总测量统计，主要对经过第一轮筛选后指标的存在是否合理性进行了相应的打分。采取"完全合理""合理""一般""不合理""完全不合理"五种回答，分别记分为 5 分（完全合理）、4 分（合理）、3 分（一般）、2 分（不合理）、1 分（完全不合理）。最后对所得到的相关反馈数据进行整理和统计，计算出每个指标的得分情况（算术平均值和离散系数）。算术平均值和变异系数的计算操作方法同第一轮保持一致，这里将不再具体阐述。筛选要求也仍然同第一轮筛选要求保持高度一致，并再次根据专家问卷的反馈信息，筛选出第二轮最终可用的预选指标。

根据第一轮专家意见法的结果可以看出，专家们在对 5 个一级指标和 13 个二级指标的设立准确性和有效性上基本看法是一致的，故这里不再做修改，相应地在对第二轮的专家打分中直接对其修改和添加后的三级指标进行打分，具体情况如表 4 - 12 所示。

表 4 - 12　　　　　　　第二轮专家意见法三级指标得分结果

三级指标	平均值	标准差	变异系数	最小值	最大值	结果
地区生产总值	3.857	0.663	0.172	3	5	√
人均地区生产总值	4.000	0.679	0.169	3	5	√
产业结构升级水平	4.286	0.726	0.169	3	5	√
产业结构优化水平	4.143	0.770	0.186	3	5	√
全社会固定资产投资	3.929	0.730	0.186	3	5	√
农村固定资产投资	3.786	0.699	0.184	3	5	○
投资效率水平	4.000	0.784	0.196	3	5	√
农民人均纯收入	3.929	0.730	0.186	3	5	√
城镇居民人均可支配收入	4.143	0.663	0.160	3	5	√
城乡收入对比	3.786	0.699	0.184	3	5	√
公共基础设施建设覆盖面	4.143	0.770	0.186	3	5	√
教育水平	3.929	0.730	0.186	3	5	√
城镇化水平	4.000	0.784	0.196	3	5	√
劳动力就业水平	4.071	0.730	0.180	3	5	√

续表

三级指标	平均值	标准差	变异系数	最小值	最大值	结果
政府满意度	3.643	0.633	0.174	3	5	√
企业满意度	3.786	0.699	0.184	3	5	√
弱势群体满意度	3.786	0.699	0.184	3	5	√
金融监管当局满意度	3.857	0.663	0.172	3	5	√
社会群众监督满意度	4.000	0.784	0.196	3	5	√
能源利用率	4.143	0.770	0.186	3	5	√
土地资源利用率	4.286	0.726	0.169	3	5	√
水资源利用率	4.214	0.802	0.190	3	5	√
废水排放量（万吨）	3.929	0.730	0.186	3	5	√
废气排放量（亿标立方米）	3.643	0.633	0.174	3	5	√
废渣排放量（万吨）	4.214	0.699	0.166	3	5	√
空气质量指数	4.000	0.679	0.170	3	5	√
不良贷款率	3.643	0.633	0.174	3	5	√
贷款利息收回率	3.429	0.514	0.150	3	4	√
资本充足率	3.786	0.426	0.112	3	4	√
资产利润率	3.643	0.497	0.137	3	4	√
人均净利润	3.714	0.611	0.165	3	5	√
资本净利率	3.857	0.770	0.199	3	5	√
信贷效率	3.643	0.633	0.174	3	5	√
信贷风险控制水平	3.643	0.633	0.174	3	5	√
产品和服务创新能力	3.714	0.611	0.165	3	5	√
脱贫效果反馈情况	4.571	0.646	0.141	3	5	√
社会医疗、养老等保障系统覆盖度	4.357	0.497	0.114	4	5	√
教育文化事业参与度	4.357	0.745	0.171	3	5	√
中小微企业贷款发放额	4.071	0.616	0.151	3	5	√
棚户区改造贷款发放额	4.357	0.745	0.171	3	5	√
支持"三农"贷款发放额	4.214	0.802	0.190	3	5	√

续表

三级指标	平均值	标准差	变异系数	最小值	最大值	结果
扶贫贷款累计发放额	4.357	0.745	0.171	3	5	√
助学贷款发放额	4.571	0.646	0.141	3	5	√
基础设施建设贷款发放额	4.500	0.650	0.144	3	5	√
绿色贷款发放额	4.000	0.679	0.170	3	5	√
"一带一路"建设贷款发放额	4.000	0.784	0.196	3	5	√

注："√"代表"保留";"○"代表"修改";"×"代表"删除"。

从表4-12可以看出,46个三级指标[地区生产总值、人均地区生产总值、产业结构升级、产业结构优化、全社会固定资产投资、农村固定资产投资、投资效率水平、农民人均纯收入、城镇居民人均可支配收入、城乡收入对比、公共基础设施建设覆盖面、教育水平、城镇化水平、劳动力就业水平、政府满意度、企业满意度、弱势群体满意度、金融监管当局满意度、社会群众监督满意度、能源利用率、土地资源利用率、水资源利用率、废水排放量(万吨)、废气排放量(亿标立方米)、废渣排放量(万吨)、空气质量指数、不良贷款率、贷款利息收回率、资本充足率、资产利润率、人均净利润、资本净利率、信贷效率、信贷风险控制水平、产品和服务创新能力、脱贫效果反馈情况、社会医疗、养老等保障系统覆盖度、教育文化事业参与度、中小微企业贷款发放额、棚户区改造贷款发放额、支持"三农"贷款发放额、扶贫贷款累计发放额、助学贷款发放额、基础设施建设贷款发放额、绿色贷款发放额、"一带一路"建设贷款发放额]得分的平均值均超过3.5,其变异系数也均小于0.2,整体上符合指标选择要求。但是对于农村固定资产投资这个指标,专家给出了不同的看法,认为这个指标和全社会固定资产投资有所重叠,建议剔除掉该指标。

(三)指标体系修改

在第二轮的专家意见法中,不难发现,专家(学者)的打分情况基本一致，所要求的平均值得分和变异系数均可以通过筛选原则，但这里在指标建议栏中，对于上一轮修改的农村固定资产投资指标专家给出了不同的看法，有的专家认为这个指标和全社会固定资产投资有所重叠，故建议删除，同时笔者也通过查阅相关资料以及和导师组的商讨，最终确定将其删除掉，保留了 45 个三级指标。

三、政策性金融机构绩效评价指标体系呈现（修正）

表 4-13　中国政策性金融机构绩效评价指标体系（最终修正表）

	一级指标	二级指标	三级指标
中国政策性金融机构绩效评价指标体系	经济系统	经济总量	地区生产总值
			人均地区生产总值
		产业结构	产业结构升级水平
			产业结构优化水平
		投资水平	全社会固定资产投资
			投资效率水平
		收入水平	农民人均纯收入
			城镇居民人均可支配收入
			城乡收入对比
	社会系统	社会发展	公共基础设施建设覆盖面
			教育水平
			城镇化水平
			劳动力就业水平
		利益相关者满意度	政府满意度
			企业满意度
			弱势群体满意度
			金融监管当局满意度
			社会群众监督满意度

续表

一级指标	二级指标	三级指标
中国政策性金融机构绩效评价指标体系	生态系统	资源利用	能源利用率
			土地资源利用率
			水资源利用率
		环境影响	废水排放量（万吨）
			废气排放量（亿标立方米）
			废渣排放量（万吨）
			空气质量指数
	经营绩效	安全性	不良贷款率
			贷款利息收回率
			资本充足率
		盈利性	资产利润率
			人均净利润
			资本净利率
		管理能力	信贷效率
			信贷风险控制水平
			产品和服务创新能力
	公共绩效	社会福利水平	脱贫效果反馈情况
			社会医疗、养老等保障系统覆盖度
			教育文化事业参与度
		公共项目支持	中小微企业贷款发放额
			棚户区改造贷款发放额
			支持"三农"贷款发放额
			扶贫贷款累计发放额
			助学贷款发放额
			基础设施建设贷款发放额
			绿色贷款发放额
			"一带一路"建设贷款发放额

从表 4 – 13 中可以看出，经过两轮专家意见法的科学确认，最终构建的中国政策性金融机构绩效评价指标体系具体如下：一级指标 5 个（经济系统、社会系统、生态系统、经营绩效、公共绩效）；二级指标 13 个（经济总量、产业结构、投资水平、收入水平、社会发展、利益相关者满意度、资源利用、环境影响、安全性、盈利性、管理能力、社会福利水平、公共项目支持）；三级指标 45 个 [地区生产总值、人均地区生产总值、产业结构升级、产业结构优化、全社会固定资产投资、投资效率水平、农民人均纯收入、城镇居民人均可支配收入、城乡收入对比、公共基础设施建设覆盖面、教育水平、城镇化水平、劳动力就业水平、政府满意度、企业满意度、弱势群体满意度、金融监管当局满意度、社会群众监督满意度、能源利用率、土地资源利用率、水资源利用率、废水排放量（万吨）、废气排放量（亿标立方米）、废渣排放量（万吨）、空气质量指数、不良贷款率、贷款利息收回率、资本充足率、资产利润率、人均净利润、资本净利率、信贷效率、信贷风险控制水平、产品和服务创新能力、脱贫效果反馈情况、社会医疗、养老等保障系统覆盖度、教育文化事业参与度、中小微企业贷款发放额、棚户区改造贷款发放额、支持"三农"贷款发放额、扶贫贷款累计发放额、助学贷款发放额、基础设施建设贷款发放额、绿色贷款发放额、"一带一路"建设贷款发放额]。

第四节　有关政策性金融绩效评价指标体系的进一步说明

一、关于指标体系构建的说明

在目前的金融机构绩效评价领域，基本分为定性和定量研究两大主体部分。定性部分偏重于评价思想、理论上的分析和判断，而定量部分更多偏重于指标数据的测量和计算。本书结合了两者方法的优势互补属性，并针对我国政策性金融机构发展现状和其绩效评价体系存在的不足之处，分别从三个系统（经济、社会和生态）和两个维度（经营绩效和公共绩效）来构建我国政策性金融机构绩效评价体系。该绩效评价体系既涵盖了一部分比较容易捕捉的定量信息部分，又涵盖了一部分难以捕捉的定性信息部分。而定性信息部分却是政策性金融机构发挥特殊功能的最重要部分。通过对现有国内政策性金融机构绩效评价相关文献的梳理与回顾，我们不难发现，专家和学者们针对该绩效评价体系构建的想法和建议已经达到了一定"量变"的积累过程，并且还在逐年地不断深入和探讨，但始终没有形成一个完整的"质变"的绩效评价框架。故此，本书的研究也是在这样的背景下展开论述的，力求为新常态下政策性金融改革的实施建言献策。

本书所构建的绩效评价指标体系，其主体构建思想同前期专家和学者们的研究贡献保持了高度的吻合，并且是在国家社科基金项目"市场决定视角下政策性金融机构改革创新研究"取得部分前期成果的依托下完成的。鉴于各指标的考核在评价体系中的重要程度是有所差异的，所以需要对其进行相应的权重赋值才能显得更为合理和科学，这样既扩大了它的应用范围性，又提高了它的应用价值性。

二、关于指标体系评价标准的说明

（一）评价标准

衡量客观事物的标尺或准绳称之为标准，我们根据该标准对事物的优劣等级进行相应的量化。将具有公共性质的政策性金融机构的绩效评价标准分为定性和定量两大标准部分，定性是定量的基本前提，没有定性的定量是一种盲目的、无意义的定量，而定量会促使定性得出的结论更加科学和准确。进一步又根据标准取值范围的不同将其细分，具体说明如下：

1. 计划标准。

计划标准就是将政策性金融机构投资项目的指标计划数据作为绩效评价的标准。通过与实际数值的参照比较，来反映计划目标的实现情况；通过对项目完成情况、经营业绩以及存在的问题等进行反馈，找出问题产生的原因。计划数值是否科学、合理，是实施计划标准的关键，这样才能够真实有效地反映出政策性金融机构投资项目的绩效水平，并从中找出解决问题和调整机制的方法，提高其政策性金融机构营运能力和公司治理水平。

2. 行业标准。

行业标准就是以某个行业数据作为参照。具备一个完备的行业资料数据库，是实施行业标准的前提，但是我国目前并没有相关的行业数据库，这就限制了以某个行业数据作为参照而进行测评的可能性。因此，应建立健全该行业资料的相关数据库，为绩效的测评提供可参考的行业标准。

3. 历史标准。

历史标准是以历史数据作为评判的尺度。通过政策性金融机构投资项目的实际数据与历史数据的比较，观察该项目的完成情况，以及较历史水平的高低。历史标准是项目过去的历史数据，可以是上年数据、上个季度数据等，也可以是同比数据、环比数据，还可以是历史上最差或最好的数据。在使用历史标准评判测评结果时，为了得到一个客观公正的评价，要将那些不可量化、不能比较的因素考虑在内，避免出现主观误判的情况。

4. 经验标准。

经验标准是指具有丰富金融经验的专家和学者根据实际经验和社会经济发展规律，得出的一系列能通过实际检验的标准或规范，该标准或规范可以用来指导和评价项目的绩效水平，通常使用在缺乏行业标准的情况下。

（二）评价标准的测定

评价标准作为评价工作的基本准绳，是对评价对象进行客观判断的价值尺度和界限。根据其实现的载体不同，可以将评价标准分为定量标准和定性标准。

1. 定量标准。

如果载体所依据的指标是可以通过数据计算分析得到的，则可运用统计学的方法对相关数据资料进行整理、赋值以及计算，从而得到相应的指标值。本书将指标值设置为以下五个等级："完全合理""合理""一般""不合理""完全不合理"五个等级或"优""良""中""差""很差"五个等级。

2. 定性标准。

如果载体所依据的指标不能通过数据计算分析得到，则需要对评价对象进行客观描述和分析，从而对政策性金融机构综合绩效情况进行评判，一般采用评语的方式来评价其结果。在绩效评价中，存在着一些重要的但难以量化的指标，我们就需要对其进行定性判断，并尽量减少笼统和模糊的描述，以提高其精准度。定性标准的基本思路是"往下细分"，将定性指标细化为若干个可定量的具体方面，再根据这些具体方面制定有关标准。同时，定性标准和定量标准应有一致的考核维度，以便进行综合评分加总。

（三）评价标准的选用

政策性金融机构绩效评价体系是由若干个考核指标组成的，这些考核指标因其性质特点不同而具有不同的适用标准，因此，在进行评价标准选择时，应全面考虑各指标的本质、属性、内容、特点等因素，科学合理地选择行之有效的评价标准。例如我们可以采用平均标准来衡量投入类指标，可以采用计划标准来衡量产出类指标。可见，绩效评价体系是一个系统性、多维度、多层次的有机整体，那么评价标准也应该是系统性、多维度、多层次的。

第五章

我国政策性金融机构绩效评价
指标体系权重设计

在第四章已确定的政策性金融机构绩效评价指标基础上，我们采用层次分析法对其权重进行设计。首先，对所采用定权的层次分析法进行具体的说明，包括该方法应用的基本思路和基本步骤等。其次，根据专家对已确定的政策性金融机构绩效评价指标体系的打分情况进行统计与整理，并采用 yaahp6.0 软件进行相应的绩效评价指标权重测算，并对结果进行具体的分析。最后，对专家咨询的可靠性进行相应检验，以保证所给出判断结果的权威性和一致性。

第一节 层次分析法的思路及步骤

一、层次分析法的基本思路

层次分析法（AHP）是美国政府部门在研究电力分配如何与各工业部门对国家福利贡献大小相匹配的背景下由美国匹兹堡大学的萨蒂（Saaty）教授在 20 世纪 70 年代初提出来的。它是一种定性分析和定量分析相结合的、运用多因素分级处理来确定因素权重的决策分析方法，涉及的应用领域非常广泛，协助处理了很多社会、经济和技术等方面上遇到的复杂决策问题，包括经济发展方案的比较、资源规划和分析、人员素质测评和科学技术成果的评比等，并取得了良好的成效。同时，在评价指标的权重设置方面也表现出其他权重设置方法不具有的实用性和有效性，成为评价指标权重设置最常用的一种测算工具，并受到各国相关决策部门的重视。

层次分析法的特点主要表现为以下三个方面：一是可以将系统分析人员的思维过程进行系统化和模型化处理，使其分析思路更为明了和清晰；二是适用性非常强，对多准则、多目标的复杂决策问题都可以进行有效的解决，并给出可信度较高的价值性判断；三是对决策方案中可参考的定量数据要求较低，可以大大降低投入数据采集的成本，提高给出判断结果的效率。层次分析法的基本思路就是评价者把较为复杂的相关决策问题分解成若干层次下的若干要素，将同一层次的各要素按支配关系进行有效的分组来形成有序的递阶层次结构，在此基础上，通过两两比较的方式判断所在层次上各因素的相对重要性，并依据这些综合判断来确定各因素在决策中的相对权重，即表示为分解→判断→综合的一个决策思维过程。具体实施操作流程如图 5－1 所示。

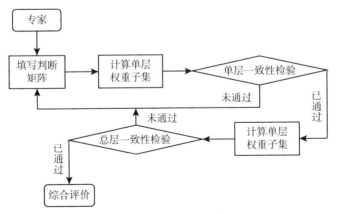

图 5－1　层次分析法具体流程

二、层次分析法主要步骤

（一）建立系统递阶层次结构模型

为了明确各个指标之间的从属关系，需要构建递阶层次结构体系。应用 AHP 解决决策问题时，其基本思想是先分解后综合，即通过层次化把问题构造成一个结构模型。在这个模型中，依据问题的复杂程度将其分解为许多构成元素，并根据这些构成元素所固有的特性及其相互之间的逻辑关系将它们划分为若干层次。这样的层次结构遵循着上一层次元素主导下一层次元素的原则。这些层次可以大致归为三类（见图 5-2）。

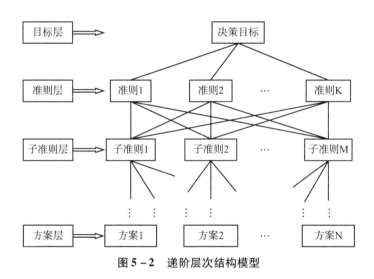

图 5-2　递阶层次结构模型

（1）目标层：在这一层次中仅有一个元素，一般是待分析问题的目标或者最佳状态，我们也可称其为结果层或者目标层。

（2）准则层：这一层次由若干个层次（包括所需考虑的准则、子准则）组成，包括实现待分析问题目标所需要的中间环节。

（3）方案层：在这一层次中有若干个元素，这些元素包括实现待分析问题目标可供选择的或者所需要的措施、决策方案等。

（二）构造判断矩阵

层次结构可以反映元素之间的相互关系，但准则层中的各个准则在待分析问题的目标衡量中所占的重要程度并不一定相同，在决策者的心目中，它们各占有一定的比例。判断矩阵是用来表述每一层次的各要素相对于上层要素的重要程度的，例如判断矩阵：

$$A = \begin{pmatrix} a_{11} & a_{12} & \cdots & a_{1j} & \cdots & a_{1(n-1)} & a_{1n} \\ a_{21} & a_{22} & \cdots & a_{2j} & \cdots & a_{2(n-1)} & a_{2n} \\ \cdots & \cdots & \cdots & \cdots & \cdots & \cdots & \cdots \\ a_{i1} & a_{i2} & \cdots & a_{ij} & \cdots & a_{i(n-1)} & a_{in} \\ \cdots & \cdots & \cdots & \cdots & \cdots & \cdots & \cdots \\ a_{(n-1)1} & a_{(n-1)2} & \cdots & a_{(n-1)j} & \cdots & a_{(n-1)(n-1)} & a_{(n-1)n} \\ a_{n1} & a_{n2} & \cdots & a_{nj} & \cdots & a_{n(n-1)} & a_{nn} \end{pmatrix}$$

上式中：a_{ij} 是指针对上层因素，属于同一上层的要素 i 相对于要素 j 重要性的标度，反映了两个指标之间的相对重要程度，通常采用专家评估或专家打分的方式。通常 a_{ij} 采用 $1 \sim 9$ 标度，见表 5 - 1。本书根据我国政策性金融机构绩效评价体系模型一共构建了 19 个判断矩阵，作为该体系内所有指标的相对重要性比较表，本书聘请相关专家和学者组成的权重确定小组填写了指标两两重要性比较值。

表 5 - 1　　　　　　　　　　　1 ~ 9 标度

标度	定义	含义
1	同样重要	两元素对某属性同样重要
3	稍微重要	两元素对某属性，一元素比另一元素稍微重要
5	明显重要	两元素对某属性，一元素比另一元素明显重要
7	强烈重要	两元素对某属性，一元素比另一元素强烈重要

标度	定义	含义
9	极端重要	两元素对某属性，一元素比另一元素极端重要
2，4，6，8	相邻标度中值表示相邻	两标度之间折中时的标度
上列标度倒数	反比较	元素 i 对元素 j 的标度为 a_{ij}，反之为 $1/a_{ij}$

（三）一致性检验

层次单排序及其一致性检验：

判断矩阵 A 对应于最大特征根 λ_{max} 的特征向量 W，经归一化后即为同一层次相应因素对于上一层次某因素相对重要性的排序权值，这一过程称为层次单排序。对于判断的一致性检验的步骤如下：

（1）计算一致性指标 CI。

$$CI = \frac{\lambda_{max} - n}{n - 1}$$

为了使权重向量 W 符合实际，在使用特征根方法判断矩阵是否具有满意的一致性时，除了要考虑 λ_{max} 稍大于 n 外，其余特征根还需要接近于零。通常 n 越大，CI 值就越大。为了度量不同阶判断矩阵的一致性，引入了判断矩阵的平均随机一致性指标 RI 值。

（2）查找相应的平均随机一致性指标 RI。对于 n = 1，2，3，…，9，萨蒂给出了 1～9 阶的判断矩阵的值，具体见表 5－2。

表5－2　　　　　　　　　平均随机一致性指标 RI 的值

阶数（n）	1	2	3	4	5	6	7	8	9
RI	0	0	0.58	0.90	1.12	1.24	1.32	1.41	1.45

RI 的值是欧尼随机方法构造的 500 个样本矩阵，随机地从 1～9 及其倒数中抽取数字构造正反矩阵，求得最大特征根的平均值 λ'_{max}，并定义：

$$RI = \frac{\lambda'_{max}}{n-1}$$

（3）计算随机一致性比例 CR。

$$CR = \frac{CI}{RI}$$

如果 CR≤0.1，则认为判断矩阵符合满意的一致性标准，层次单排序的结果是可以接受的；反之则不符合满意的一致性标准，不接受层次单排序结果，须重新构建判断矩阵，直到通过检验为止。

层次总排序及一致性检验：

上述所说的是一组元素对其上一层中某元素权重向量的计算方法，为了对方案进行选择，我们需要得到全部元素尤其是方案层中各元素的排列权重。总排序权重是由各层次准则下的权重自上而下合成得到的（见表 5 - 3）。

表 5 - 3　　　　　　　　　　　层次总排序合成

	A_1	A_2	$\cdots$	A_m	B 层总排序权值
	a_1	a_2	$\cdots$	a_m	
B_1	b_{11}	b_{12}	$\cdots$	b_{1m}	$\sum\limits_{j=1}^{m} b_{1j}a_j$
B_2	b_{21}	b_{22}	$\cdots$	b_{2m}	$\sum\limits_{j=1}^{m} b_{2j}a_j$
$\vdots$	$\cdots$	$\cdots$	$\cdots$	$\cdots$	$\vdots$
B_n	b_{n1}	b_{n2}	$\cdots$	b_{nm}	$\sum\limits_{j=1}^{m} b_{nj}a_j$

设上一层次（A 层）包含 A_1，$\cdots$，A_m 共 m 个因素，它们的层次总排序权重分别为 a_1，$\cdots$，a_m。又设其后的下一层次（B 层）包含 n 个因素 B_1，$\cdots$，B_n，它们关于 A_j 的层次单排序权重分别为 b_1，$\cdots$，b_n，计算按表 5 - 3 所示方式进行，即 $b_i = \sum\limits_{j=1}^{m} b_{ij}a_j$，i = 1，$\cdots$，n。

对总层次的总排序也需做一致性检验，其排序权重仍遵循由各层次自上而下和由高到低进行。这是因为虽然各层次均已通过层次单排序的一致性检验，但当综合考虑时，仍有可能累积非一致性，最终导致分析结果的非一致性。

设 B 层中与 A_j 相关的元素的成对比较判断矩阵在单排序中经一致性检验，求得单排序一致性指标为 $CI(j)$，$(j=1, \cdots, m)$，相应的平均随机一致性指标为 $RI(j)$（$CI(j)$、$RI(j)$ 已在层次单排序时求得），则 B 层总排序随机一致性比例为：

$$CR = \frac{\sum_{j=1}^{m} CI(j)a_j}{\sum_{j=1}^{m} RI(j)a_j}$$

当 $CR < 0.10$ 时，认为层次总排序结果具有较满意的一致性并接受该分析结果。

第二节　政策性金融机构绩效评价指标体系权重的设置及检验

一、评价指标模型的建立

本书将按照上述层次分析方法原理确定中国政策性金融机构绩效评价指标权重。其流程见图 5-3。

根据初步构建的中国政策性金融机构绩效评价指标体系，画出递阶层次结构模型，如图 5-4 所示。模型共计四层，假设目标层为 A、准则层为 B、子准则层为 C、方案层为 D。

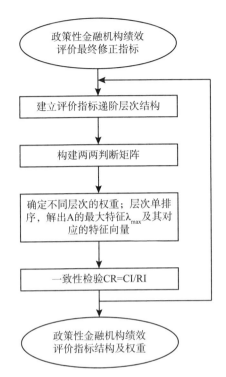

图 5 - 3　基于 AHP 法政策性金融机构综合绩效评价指标权重确定流程

（1）目标层：中国政策性金融机构绩效评价体系（A）

（2）准则层：经济系统（B_1）、社会系统（B_2）、生态系统（B_3）、经营绩效（B_4）、公共绩效（B_5）

（3）子准则层：经济总量（C_1）、产业结构（C_2）、投资水平（C_3）、收入水平（C_4）、社会发展（C_5）、利益相关者满意度（C_6）、资源利用（C_7）、环境影响（C_8）、安全性（C_9）、盈利性（C_{10}）、管理能力（C_{11}）、社会福利水平（C_{12}）、公共项目支持（C_{13}）。

（4）方案层：地区生产总值（D_1）、人均地区生产总值（D_2）、产业结构升级水平（D_3）、产业结构优化水平（D_4）、全社会固定资产投资（D_5）、投资效率水平（D_6）、农民人均纯收入（D_7）、城镇居民人均可支配收入（D_8）、城乡收入对比（D_9）、公共基础设施建设覆盖面（D_{10}）、

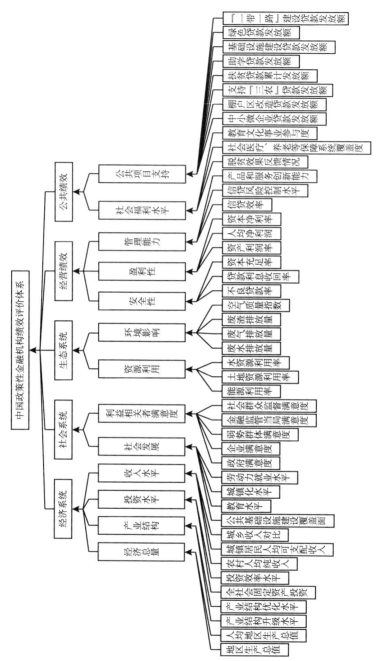

图5-4 中国政策性金融机构绩效评价递阶结构模型

教育水平（D_{11}）、城镇化水平（D_{12}）、劳动力就业水平（D_{13}）、政府满意度（D_{14}）、企业满意度（D_{15}）、弱势群体满意度（D_{16}）、金融监管当局满意度（D_{17}）、社会群众监督满意度（D_{18}）、能源利用率（D_{19}）、土地资源利用率（D_{20}）、水资源利用率（D_{21}）、废水排放量（万吨）（D_{22}）、废气排放量（亿标立方米）（D_{23}）、废渣排放量（万吨）（D_{24}）、空气质量指数（D_{25}）、不良贷款率（D_{26}）、贷款利息收回率（D_{27}）、资本充足率（D_{28}）、资产利润率（D_{29}）、人均净利润（D_{30}）、资本净利率（D_{31}）、信贷效率（D_{32}）、信贷风险控制水平（D_{33}）、产品和服务创新能力（D_{34}）、脱贫效果反馈情况（D_{35}）、社会医疗、养老等保障系统覆盖度（D_{36}）、教育文化事业参与度（D_{37}）、中小微企业贷款发放额（D_{38}）、棚户区改造贷款发放额（D_{39}）、支持"三农"贷款发放额（D_{40}）、扶贫贷款累计发放额（D_{41}）、助学贷款发放额（D_{42}）、基础设施建设贷款发放额（D_{43}）、绿色贷款发放额（D_{44}）、"一带一路"建设贷款发放额（D_{45}）。

二、构造判断矩阵

依据步骤所构建的中国政策性金融机构绩效评价指标体系递阶层次结构图，主要体现了四个层级，确立了四级指标体系，确定了绩效评价指标体系内部各个指标之间的隶属关系，并以各个指标之间的隶属关系为基础构建判断矩阵。

根据中国政策性金融机构绩效评价指标体系模型，本书一共构建了19 个判断矩阵，由专家和学者对指标的相对重要性进行评价，即建立矩阵判断权重小组，通过共同讨论的方式来构造指标两两重要性比较值的判断矩阵。我们以矩阵 1 为例，如表 5 - 4 所示，根据 1～9 标度法，表中第一行的 1 代表 B_1 和 B_2 同等重要，第一行的 3 代表 B_1 比 B_3 稍微重要。

表 5 - 4 　　　　　　　　　B_1、B_2、B_3、B_4、B_5 的判断矩阵

A	B_1	B_2	B_3	B_4	B_5
B_1	1	1	3	1/3	1/5
B_2	1	1	3	1/3	1/5
B_3	1/3	1/3	1	1/4	1/6
B_4	3	3	4	1	1/2
B_5	5	5	6	2	1

三、一致性检验

针对中国政策性金融机构绩效评价指标体系，在构造的判断矩阵基础上，采用 yaahp6.0 软件对其指标进行权重设计。通过 yaahp6.0 软件运算得出最大特征值 λ_{max}、权重向量 W 和一致性比率 CR，依据随机一致性指标 RI 值，计算出一致性指标 $CI = CR \times RI$，如表 5 - 5 所示。如果 $CR \leqslant 0.1$，则认为判断矩阵符合满意的一致性标准，层次单排序的结果是可以接受的；反之则不符合满意的一致性标准，不接受层次单排序结果，须重新构建判断矩阵，直到通过检验为止。从而最终得到中国政策性金融机构绩效评价指标体系中各指标的权重，并进一步得出各个指标对整体指标体系的权重。

表 5 - 5 　　B_1、B_2、B_3、B_4、B_5 相对重要性值的两两比较及权重结果

A	B_1	B_2	B_3	B_4	B_5	W_i
B_1	1	1	3	1/3	1/5	0. 1082
B_2	1	1	3	1/3	1/5	0. 1082
B_3	1/3	1/3	1	1/4	1/6	0. 0523
B_4	3	3	4	1	1/2	0. 2646
B_5	5	5	6	2	1	0. 4666

一致性检验：$\lambda_{max} = 5.1276$　　CR = 0. 0285 < 0. 1　　CI_A = 0. 0319。

由表 5 - 5 可知 CR = 0.0285 < 0.1，五个一级指标（经济系统、社会系统、生态系统、经营绩效和公共绩效）的判断矩阵的层次单排序结果是可以接受的。

以此类推，对中国政策性金融机构绩效评价指标体系的所有判断矩阵完成上述操作，将会得到中国政策性金融机构绩效评价指标体系所有判断矩阵的层次单排序的权重及一致性检验，具体操作过程省略，其两两比较及权重结果如表 5 - 6 至表 5 - 23 所示。

表 5 - 6　　C_1、C_2、C_3、C_4 相对重要性值的两两比较及权重结果

B_1	C_1	C_2	C_3	C_4	W_i
C_1	1	2	4	5	0.4978
C_2	1/2	1	2	4	0.2753
C_3	1/3	1/2	1	3	0.1552
C_4	1/5	1/4	1/3	1	0.0716

一致性检验：$\lambda_{max} = 4.0728$　　CR = 0.0273 < 0.1　　$CI_{B_1} = 0.0243$。

表 5 - 7　　C_5、C_6 相对重要性值的两两比较及权重结果

B_2	C_5	C_6	W_i
C_5	1	2	0.6667
C_6	1/2	1	0.3333

一致性检验：$\lambda_{max} = 2$　　CR = 0 < 0.1　　$CI_{B_2} = 0$。

表 5 - 8　　C_7、C_8 相对重要性值的两两比较及权重结果

B_3	C_7	C_8	W_i
C_7	1	1/2	0.3333
C_8	2	1	0.6667

一致性检验：$\lambda_{max} = 2$　　CR = 0 < 0.1　　$CI_{B_3} = 0$。

表 5 – 9　　　C_9、C_{10}、C_{11} 相对重要性值的两两比较及权重结果

B_4	C_9	C_{10}	C_{11}	W_i
C_9	1	4	3	0.6250
C_{10}	1/4	1	1/2	0.1365
C_{11}	1/3	2	1	0.2385

一致性检验：$\lambda_{max} = 3.0183$　　$CR = 0.0176 < 0.1$　　$CI_{B_4} = 0.0092$。

表 5 – 10　　　C_{12}、C_{13} 相对重要性值的两两比较及权重结果

B_5	C_{12}	C_{13}	W_i
C_{12}	1	1/2	0.3333
C_{13}	2	1	0.6667

一致性检验：$\lambda_{max} = 2$　　$CR = 0 < 0.1$　　$CI_{B_5} = 0$。

表 5 – 11　　　D_1、D_2 相对重要性值的两两比较及权重结果

C_1	D_1	D_2	W_i
D_1	1	1/2	0.3333
D_2	2	1	0.6667

一致性检验：$\lambda_{max} = 2$　　$CR = 0 < 0.1$　　$CI_{C_1} = 0$。

表 5 – 12　　　D_3、D_4 相对重要性值的两两比较及权重结果

C_2	D_3	D_4	W_i
D_3	1	1	0.5000
D_4	1	1	0.5000

一致性检验：$\lambda_{max} = 2$　　$CR = 0 < 0.1$　　$CI_{C_2} = 0$。

表 5 – 13　　D_5、D_6 相对重要性值的两两比较及权重结果

C_3	D_5	D_6	W_i
D_5	1	2	0. 6667
D_6	1/2	1	0. 3333

一致性检验：$\lambda_{max} = 2$　$CR = 0 < 0.1$　$CI_{C_3} = 0$。

表 5 – 14　　D_7、D_8、D_9 相对重要性值的两两比较及权重结果

C_4	D_7	D_8	D_9	W_i
D_7	1	1	1/2	0. 2500
D_8	1	1	1/2	0. 2500
D_9	2	2	1	0. 5000

一致性检验：$\lambda_{max} = 3$　$CR = 0 < 0.1$　$CI_{C_4} = 0$。

表 5 – 15　　D_{10}、D_{11}、D_{12}、D_{13}相对重要性值的两两比较及权重结果

C_5	D_{10}	D_{11}	D_{12}	D_{13}	W_i
D_{10}	1	1	1/2	1/4	0. 1210
D_{11}	1	1	1/2	1/4	0. 1210
D_{12}	2	2	1	1/3	0. 2196
D_{13}	4	4	3	1	0. 5385

一致性检验：$\lambda_{max} = 4.0206$　$CR = 0.0077 < 0.1$　$CI_{C_5} = 0.0069$。

表 5 – 16　D_{14}、D_{15}、D_{16}、D_{17}、D_{18}相对重要性值的两两比较及权重结果

C_6	D_{14}	D_{15}	D_{16}	D_{17}	D_{18}	W_i
D_{14}	1	1/4	1/6	1/4	1/3	0. 0497
D_{15}	4	1	1/2	1/2	1/2	0. 1403
D_{16}	6	2	1	4	3	0. 4408
D_{17}	4	2	1/4	1	2	0. 2107
D_{18}	3	2	1/3	1/2	1	0. 1585

一致性检验：$\lambda_{max} = 5.3039$　$CR = 0.0678 < 0.1$　$CI_{C_6} = 0.0760$。

表 5 - 17　　D_{19}、D_{20}、D_{21}相对重要性值的两两比较及权重结果

C_7	D_{19}	D_{20}	D_{21}	W_i
D_{19}	1	4	3	0.6337
D_{20}	1/4	1	1	0.1744
D_{21}	1/3	1	1	0.1919

一致性检验：$\lambda_{max} = 3.0092$　　$CR = 0.0088 < 0.1$　　$CI_{C_7} = 0.0046$。

表 5 - 18　　D_{22}、D_{23}、D_{24}、D_{25}相对重要性值的两两比较及权重结果

C_8	D_{22}	D_{23}	D_{24}	D_{25}	W_i
D_{22}	1	2	4	1/5	0.2039
D_{23}	1/2	1	3	1/3	0.1488
D_{24}	1/4	1/3	1	1/7	0.0581
D_{25}	5	3	7	1	0.5892

一致性检验：$\lambda_{max} = 4.1779$　　$CR = 0.0666 < 0.1$　　$CI_{C_8} = 0.0593$。

表 5 - 19　　D_{26}、D_{27}、D_{28}相对重要性值的两两比较及权重结果

C_9	D_{26}	D_{27}	D_{28}	W_i
D_{26}	1	1/2	1/3	0.2583
D_{27}	2	1	1/2	0.1047
D_{28}	3	2	1	0.6370

一致性检验：$\lambda_{max} = 3.0092$　　$CR = 0.0088 < 0.1$　　$CI_{C_9} = 0.0046$。

表 5 - 20　　D_{29}、D_{30}、D_{31}相对重要性值的两两比较及权重结果

C_{10}	D_{29}	D_{30}	D_{31}	W_i
D_{29}	1	3	1/3	0.2583
D_{30}	1/3	1	1/5	0.1047
D_{31}	3	5	1	076370

一致性检验：$\lambda_{max} = 3.0385$　　$CR = 0.0370 < 0.1$　　$CI_{C_{10}} = 0.0193$。

表 5 – 21　　D_{32}、D_{33}、D_{34}相对重要性值的两两比较及权重结果

C_{11}	D_{32}	D_{33}	D_{34}	W_i
D_{32}	1	1/2	1/5	0.1220
D_{33}	2	1	1/3	0.2297
D_{34}	5	3	1	0.6483

一致性检验：$\lambda_{max} = 3.0037$　　$CR = 0.0036 < 0.1$　　$CI_{C_{11}} = 0.0019$。

表 5 – 22　　D_{35}、D_{36}、D_{37}相对重要性值的两两比较及权重结果

C_{12}	D_{35}	D_{36}	D_{37}	W_i
D_{35}	1	3	5	0.6483
D_{36}	1/3	1	2	0.2297
D_{37}	1/5	1/2	1	0.1220

一致性检验：$\lambda_{max} = 3.0037$　　$CR = 0.0036 < 0.1$　　$CI_{C_{12}} = 0.0019$。

表 5 – 23　　D_{38}、D_{39}、D_{40}、D_{41}、D_{42}、D_{43}、D_{44}、D_{45}相对
重要性值的两两比较及权重结果

C_{13}	D_{38}	D_{39}	D_{40}	D_{41}	D_{42}	D_{43}	D_{44}	D_{45}	W_i
D_{38}	1	1/2	1/4	1/2	1	1/5	2	1/4	0.0548
D_{39}	2	1	1/2	1	2	1/3	3	1/2	0.1000
D_{40}	4	2	1	2	5	1	4	1	0.1989
D_{41}	2	1	1/2	1	2	1/2	4	1/2	0.1125
D_{42}	1	1/2	1/5	1/2	1	1/5	1/7	1/5	0.0385
D_{43}	5	3	1	2	5	1	6	2	0.2523
D_{44}	1/2	1/3	1/4	1/4	7	1/6	1	1/3	0.0662
D_{45}	4	2	1	2	5	1/2	3	1	0.1768

一致性检验：$\lambda_{max} = 8.6929$　　$CR = 0.0702 < 0.1$　　$CI_{C_{13}} = 0.0990$。

本书所构建的中国政策性金融机构绩效评价指标体系的 19 个判断

矩阵 CR 均小于 0.1，说明我国政策性金融机构绩效评价指标体系所有判断矩阵均通过了层次单排序一致性检验。通过 yaahp6.0 软件测算出的中国政策性金融机构绩效评价指标体系最终权重可知，其均通过了一致性检验（见表 5 - 24）。

第三节　政策性金融机构绩效评价指标体系权重确认

本书运用层次分析法（AHP），并通过 yaahp6.0 软件的测算验证，最终确定中国政策性金融机构绩效评价指标的权重（见表 5 - 24）。

表 5 - 24　　中国政策性金融机构绩效评价指标体系最终权重

	一级指标	最终权重（%）	二级指标	最终权重（%）	三级指标	最终权重（%）
中国政策性金融机构绩效评价指标体系	经济系统	10.82	经济总量	5.39	地区生产总值	1.80
					人均地区生产总值	3.59
			产业结构	2.98	产业结构升级水平	1.49
					产业结构优化水平	1.49
			投资水平	1.68	全社会固定资产投资	1.12
					投资效率水平	0.56
			收入水平	0.78	农民人均纯收入	0.19
					城镇居民人均可支配收入	0.19
					城乡收入对比	0.39
	社会系统	10.82	社会发展	7.22	公共基础设施建设覆盖面	0.87
					教育水平	0.87
					城镇化水平	1.58
					劳动力就业水平	3.89

续表

一级指标	最终权重（%）	二级指标	最终权重（%）	三级指标	最终权重（%）
社会系统	10.82	利益相关者满意度	3.61	政府满意度	0.18
				企业满意度	0.51
				弱势群体满意度	1.59
				金融监管当局满意度	0.76
				社会群众监督满意度	0.57
生态系统	5.23	资源利用	1.74	能源利用率	1.11
				土地资源利用率	0.30
				水资源利用率	0.33
		环境影响	3.49	废水排放量（万吨）	0.71
				废气排放量（亿标立方米）	0.52
				废渣排放量（万吨）	0.20
				空气质量指数	2.06
经营绩效	26.46	安全性	3.61	不良贷款率	2.70
				贷款利息收回率	4.91
				资本充足率	8.92
		盈利性	16.54	资产利润率	0.93
				人均净利润	0.38
				资本净利率	2.30
		管理能力	6.31	信贷效率	0.77
				信贷风险控制水平	1.45
				产品和服务创新能力	4.09
公共绩效	46.66	社会福利水平	15.55	脱贫效果反馈情况	10.08
				社会医疗、养老等保障系统覆盖度	3.57
				教育文化事业参与度	1.90

中国政策性金融机构绩效评价指标体系

一级指标	最终权重（％）	二级指标	最终权重（％）	三级指标	最终权重（％）
中国政策性金融机构绩效评价指标体系				中小微企业贷款发放额	1.70
				棚户区改造贷款发放额	3.11
				支持"三农"贷款发放额	6.19
公共绩效	46.66	公共项目支持	31.1	扶贫贷款累计发放额	3.50
				助学贷款发放额	1.20
				基础设施建设贷款发放额	7.85
				绿色贷款发放额	2.06
				"一带一路"建设贷款发放额	5.50

第四节 政策性金融机构绩效评价指标体系权重结果分析

一、一级指标权重结果分析

根据建立的政策性金融机构绩效评价指标体系可知，5 个一级指标的权重排名如下：公共绩效指标的权重为 46.66％；经营绩效指标的权重为 26.46％；经济系统指标的权重为 10.82％；社会系统指标的权重为 10.82％；生态系统指标的权重为 5.23％。从权重排名来看，排名第一位的公共绩效，比排名第二位的经营绩效考核高出 20.2％，这表明了专家的综合意见结果。对于政策性金融机构来说，要重点考核它的公共绩效，其次再考虑它的经营绩效，最后再考虑它对经济、社会和生态系统的影响。政策性金融机构建立的最初目的也是为贯彻国家政策发展需要，向扶植弱势群体发展提供金融服务的，故不能偏离它的公共政策目标。而当下金融改革面临深水区，政策性金融改革也毫不例外，有人认为政策性金融应该进行商业化改革，也有人认为政策性金融应该进行市场化运作，众说纷纭。显然，政策性金融机构如果得不到恰当的改革，就会出现政策目标的偏离，严重干扰政策性金融功能的发挥。对此国家高层也给予了足够的重视，并再次强调政策性金融机构的职能定位，让其回归职能本位，以此来保证政策性金融机构目标的有效实现。

二、二级指标权重结果分析

根据建立的政策性金融机构绩效评价指标体系可知，13 个二级指标的权重排名如下：公共项目支持指标的权重为 31.1%；盈利性指标的权重为 16.54%；社会福利水平指标的权重为 15.55%；社会发展指标的权重为 7.22%；管理能力指标的权重为 6.31%；经济总量指标的权重为 5.39%；安全性指标的权重为 3.61%；利益相关者满意度指标的权重为 3.61%；环境影响指标的权重为 3.49%；产业结构指标的权重为 2.98%；资源利用指标的权重为 1.74%；投资水平指标的权重为 1.68%；收入水平指标的权重为 0.78%。从其权重排名来看，居于前三位的考核指标分别是公共项目支持、盈利性和社会福利水平。可以看出，专家们再次肯定了政策性金融机构对公共绩效指标考核的重要性，增加公共项目服务的支持和提高社会的整体福利水平。同时，对其经营绩效指标下的盈利性也是要重点考虑的，虽然政策性金融机构坚持保本微利的经营原则，但其盈利性也是为该机构经营提供可持续发展的必要保障条件，只有这样才能保证政策金融功能的长期有效发挥。紧随其后的占比排名是社会发展、管理能力和经济总量这三个二级指标，政策性金融机构对社会发展和对经济增长的贡献是有目共睹的，包括促进社会就业稳定、提供社会相关保障服务和促进地区国民生产总值的增加等。管理能力指标也突出强调了政策性金融机构相关管理的重要性，包括人员的考核机制、分支机构的办事效率等。安全性指标的权重占比居于二级指标的中间位置，折射出当前对于政策性金融风险控制能力重视程度不足，这也是官方首度明确提出将对三大政策性银行采取"资本约束机制"的原因所在。丝路基金董事总经理王建业（2015）认为建立资本充足率约束机制既有助于提高其抗风险能力，又有助于降低政策性银行的资金成本。利益相关者满意度和环境影响两个指标权重占比相差不大，对于政策性金融机构相关利益者的满意度考核也是非常重要的，能够直接给政策性金融的执行效果作以主观上的反馈；随着近年来环境污染的加剧，政策性金融机构为其相关政府部门提供大量、长期的优惠贷款，投入到环境治理的建设中来，造福于各方人民。产业结构调整是新常态下经济转型必须跨越的鸿沟，政策性金融作为落后、偏远地区的主要资金支持者，为地区的产业合理调配做出应有的贡献。排名最靠后的三个指标分别是资源利用、投资水平和收入水平，其中，鉴于三大能源使用的有限性，政策性金融机构对三大资源利用效率的支持每年也都有所增加。但因受到国家政策导向的影响，其整体投资水平不高，故权重考核相对较低。而对于整体收入的影响，政策性金融显得更为薄弱，它主要是针对弱势群体服务的，故其权重占比较小也较为合理。

三、三级指标权重结果分析

根据建立的政策性金融机构绩效评价指标体系可知，45 个三级指标的权重排名如下：脱贫效果反馈情况指标的权重为 10.08%；资本充足率指标的权重为 8.92%；基础设施建设贷款发放额指标的权重为 7.85%；支持三农贷款发放额指标的权重为 6.19%；"一带一路"建设贷款发放额指标的权重为 5.50%；贷款利息收回率指标的权重为 4.91%；产品和服务创新能力指标的权重为 4.09%；劳动力就业水平指标的权重为 3.89%；人均地区生产总值指标的权重为 3.59%；社会医疗、养老等保障系统覆盖度指标的权重为 3.57%；扶贫贷款累计发放额指标的权重为 3.50%；棚户区改造贷款发放额指标的权重为 3.11%；不良贷款率指标的权重为 2.70%；资本净利率指标的权重为 2.30%；绿色贷款发放额指标的权重为 2.06%；空气质量指数指标的权重为 2.06%；教育文化事业参与度指标的权重为 1.90%；地区生产总值指标的权重为 1.80%；中小微企业贷款发放额指标的权重为 1.70%；弱势群体满意度指标的权重为 1.59%；城镇化水平指标的权重为 1.58%；产业结构优化水平指标的权重为 1.49%；产业结构升级水平指标的权重为 1.49%；信贷风险控制水平指标的权重为 1.45%；助学贷款发放额指标的权重为 1.20%；全社会固定资产投资指标的权重为 1.12%；能源利用率指标的权重为 1.11%；资产利润率指标的权重为 0.93%；教育水平指标的权重为 0.87%；公共基础设施建设覆盖面指标的权重为 0.87%；信贷效率指标的权重为 0.77%；金融监管当局满意度指标的权重为 0.76%；废水排放量（万吨）指标的权重为 0.71%；社会群众监督满意度指标的权重为 0.57%；投资效率水平指标的权重为 0.56%；废气排放量（亿标立方米）指标的权重为 0.52%；企业满意度指标的权重为 0.51%；城乡收入对比指标的权重为 0.39%；人均净利润指标的权重为 0.38%；水资源利用率指标的权重为 0.33%；土地资源利用率指标的权重为 0.30%；废渣排放量（万吨）指标的权重为 0.20%；农民人均纯收入指标的权重为 0.19%；城镇居民人均可支配收入指标的权重为 0.19%；政府满意度指标的权重为 0.18%。

考虑到三级指标较多，笔者不能对每一个指标权重结果作以具体解释，只能将其划为合理性区间，作为区间段来解释。权重区间在 10%～11%，是脱贫效果反馈情况指标，也是三级指标权重唯一超过 10% 以上的指标，充分体现了政策性金融机构扶植弱势群体实现金融资源有效配置的合理性目标，故权重最大。权重区间在 8%～10%，是资本充足率指标，说明政策性金融机构在提供长期、优惠的有偿贷款的同时，必须要考虑其资金的安全性，因为这是维持机构长期经营发展的前提条件，故权重较大。权重区间在 7%～8%，是基础设施建设贷款发放额指标，体现了政策性金融机构对国家基础设施、基础产业和支柱产业的重要支持，国开行在这方面表现得最为突出，故权重较大。权重区间在 6%～7%，是支持"三农"贷款发放额指标，体现了政策性金融机构对农业发展的大力支持，农发行在这方面表现得最为突出，故权重较大。权重区间在 5%～6%，是"一带一路"建设贷款发放额指标，体现了政策性金融机构国家"一带一路"政策的支持,进出口行和中国信保在这方面表现得最为突出,故权重较大。权重区间在 4% ~5%,是贷款利息收回率、产品和服务创新能力两个指标,体现政策性金融机构坚持保本微利的原则和产品开发同客户需求与时俱进的要求,故权重较大。权重区间在 3% ~4%,是劳动力就业水平、人均地区生产总值、社会医疗、养老等保障系统覆盖度、扶贫贷款累计发放额、棚户区改造贷款发放额五个指标,政策性金融机构业务的覆盖对地区的就业、人均经济总量、社会养老福利都有很好的影响,精准扶贫和棚户区改造也是近几年政策性金融机构的主要服务对象,故权重也相对较大。权重区间在 2% ~3%,是不良贷款率、资本净利率、绿色贷款发放额、空气质量指数四个指标,近些年来,政策性金融机构的不良贷款控制和投入资本盈利性也在逐年的提升,加大绿色金融业务的开展,并对减少雾霾促进空气质量的项目给予有力的支持,故权重相对较小。权重区间在 1% ~2%,是教育文化事业参与度、地区生产总值、中小微企业贷款发放额、弱势群体满意度、城镇化水平、产业结构优化水平、产业结构升级水平、信贷风险控制水平、助学贷款发放额、全社会固定资产投资、能源利用率这十一个指标,政策性金融机构业务的覆盖对地区的教育、文化、经济、产业、投资、能源利用等都会产生一些相应的正向影响,包括缓解中小微企业融资难、帮助贫困学子圆梦等,故权重相对较小。权重区间在 0 ~1%,是资产利润率、教育水平、公共基础设施建设覆盖面、信贷效率、金融监管当局满意度、废水排放量、社会群众监督满意度、投资效率水平、废气排放量、企业满意度、城乡收入对比、人均净利润、水资源利用率、土地资源利用率、废渣排放量、农村人均纯收入、城镇居民人均可支配收入、政府满意度这十八个指标,政策性金融机构所开展的政策性金融业务也会对环境的节能减排、利益相关者的满意程度、资源的使用效率、城乡收入情况产生不同程度的正向影响,包括国家倡导的节能减排项目、惠民工程项目、促进农民增收就业项目、提高不可再生资源的利用效率项目、提高整体的社会满意度项目等,都离不开政策性金融的参与,但是效果可能没有以上其他的指标更为明显,故权重相对更小。

第五节　专家咨询的可靠性分析

一、专家调查问卷的信度和效度检验

信度是指衡量检测结果可靠程度的指标，一般可将信度分为三类：重测信度、复本信度和内在一致信度。评价内在一致信度的首选信度系数是 Cranbach's a 系数，它考察测验内部项目之间的一致性，如果该信度系数在0.8以上，表明问卷是可以接受的。本书对专家咨询进行测量，得出以上三轮专家咨询的总体 Cranbach's a 系数分别为0.8032、0.8685 和0.8876，信度系数均在0.8以上，可见这三轮专家咨询都是可信的，具有较好的内部一致性。效度是测量测验的有用性指标，本书采用因子分析法对三轮专家咨询的结果进行效度测量，结果表明三轮测量的因子载荷值均属于中高程度，且只有一个公因子，可见调查问卷结构效度较好。

二、专家积极系数检验

专家积极系数可表明专家对调查问卷的认可程度和关注程度，本书采用问卷回收率来衡量。以上研究共进行三轮专家咨询，第一轮专家咨询问卷发放16份，回收14份，回收率87.5％；第二轮专家咨询问卷发放14份，回收14份，回收率达到100％；第三轮专家咨询问卷发放14份，回收14份，回收率达到100％。结果表明专家对调查问卷具有较高的关注程度和参与度，保证了调查数据的可靠性。

三、专家权威程度检验

专家权威程度 C_r 一般通过计算专家判断依据 C_a 和熟悉程度 C_s

的平均值得到。专家判断依据按常规分为 4 项，分别是理论分析、实践经验、参考国内外资料、直观选择，其影响程度的量化见表 5－25。专家熟悉程度分为 5 个等级并分别进行量化赋值，分别将非常熟悉量化赋值为 0、熟悉量化赋值为 0.2、一般量化赋值为 0.4、不熟悉量化赋值为 0.8、非常不熟悉量化赋值为 1；并按公式 $C_r = (C_a + C_s)/2$ 进行计算，得到各专家三轮咨询的权威系数分别是 0.8633、0.8712、0.8957，均大于 0.7。表明专家都对问卷调查内容很熟悉，具备权威性。

表 5－25　　　　　　　专家判断影响程度分值

专家判断依据	分值大	分值中	分值小
理论分析	0.3	0.2	0.1
实践经验	0.5	0.4	0.3
参考国内外资料	0.1	0.1	0.05
直观选择	0.1	0.1	0.05

四、专家意见协调程度检验

专家协调系数 W 是用来衡量专家意见协调程度的，该系数越大，专家意见越统一，其协调程度也越高。其计算公式如下：

$$W = \frac{12 \sum d_j^2}{m^2(n^3 - n) - m \sum T_i}$$

其中，m 表示专家人数，n 表示指标个数，d_j 为离均差，表示指标 j 的得分与各项指标得分均数的差值，$T_i = \sum (A_i^3 - A_i)$，A_i 是每位专家给出的打分结果相同的指标个数。本书采用 SPSS 计算协调系数，如表 5－26 所示。

表 5 - 26　　　　　　　　　　　　专家协调系数

专家咨询轮数	W 值	χ^2 值	P 值
第一轮专家咨询	0.153	433.264	0.000 ***
第二轮专家咨询	0.479	764.183	0.000 ***
第三轮专家咨询	0.493	758.231	0.000 ***

注：* 、** 、*** 分别表示在10% 、5% 、1% 的水平上显著。

由表 5 - 26 可知，绩效评价指标预选两轮后的专家系数由第一轮的 0.153 变为第二轮的 0.479，说明协调程度有大幅度的增加，而第三轮的绩效评价指标确定权重的专家系数为 0.493，均在 0.4 ~ 0.5 区间浮动，表明专家的意见趋于一致，故专家意见协调程度较好。在表 5 - 26 中，专家协调系数的显著性由 P 值表示，若 P < 0.05，则可认为协调系数显著，表明评价结果具有一致；否则，结果是不可取的。三轮的 P 值均为 0.000，均在 1% 水平上显著，说明显著性较好。

第六章

我国政策性金融机构绩效
评价指标体系的应用

　　本章主要阐述政策性金融机构绩效评价指标体系的应用，基于书中已确定的政策性金融机构绩效评价指标体系的权重，通过采用模糊综合评判法对农发行的 L 省级分行和 H 省级分行两家机构进行综合绩效评价。观察该绩效评价体系是否能够较好地反映政策性金融机构综合绩效情况，并为现阶段政策性金融机构绩效状况的改善提供帮助与指导，以此来深化政策性金融机构的全面改革措施。首先，我们对于应用绩效评价指标体系的思路进行了简单的介绍。其次，对于所应用的模糊综合评价法进行了详细的阐述，包括具体的应用步骤等。最后，根据专家对两个省级分行的评价结果进行统计与整理，按照模糊综合评判法的具体步骤进行相关的实证检验，并对实证结果进行具体的分析。

第一节　绩效评价指标体系应用思路

　　本书将已建立的政策性金融机构绩效评价指标体系分别应用于农发行 L 省级分行和 H 省级分行。首先，向该领域的专家（学者）提供农发行 L 省级分行和 H 省级分行的相关资料和有价值的参考数据，包括两家分行的基本概况、员工人数、发展历程、战略目标、所获社会荣誉、经营政策性项目的种类、配给政策性投资项目的贷款额度、对于支持公共事业的发展力度、承载社会责任的能力、员工的个人发展规划、资产负债状况，利润的状况、不良贷款的控制状况以及政策性产品开发能力等，由专家（学者）依据现实资料和可参考数据对样本的两个省级分行作以更深入的掌握和了解，以备为后续专家（学者）作出较好的绩效评价结果打下良好的基础。其次，鉴于专家（学者）掌握和了解的这种情况，开始对书中已设计好的政策性金融机构绩效评价的各项指标完成情况进行评分。最后，将统计好的评分结果进行模糊变化处理，相应得到农发行 L 省级分行和 H 省级分行的绩效模糊综合评价值，并将两者的综合绩效进行比较分析及提出相关可行性建议。

第二节　模糊综合评判方法的介绍及步骤

一、模糊综合评判方法的介绍

提到模糊综合评判方法，首先是要明晰"模糊"的内涵，而与之对立的"清晰"，我们显然更为熟悉。下面我们简单介绍一下"清晰"，"清晰"是指根据某些界限标准对事物认知的是非能作出明确的判断。例如，给定一个确定的元素 a 和一个清晰的集合 Z，根据 a 的精准属性划分 a 是否属于集合 z，并作出明确的判断，即 $a \in Z$ 或 $a \notin Z$，进而将 a 与 Z 之间的关系进行了明确的划分。通过对"清晰"的认知我们再来理解"模糊"，模糊是指对事物客观属性的边界认识难以作出明确的判断，处于属于与不属于两者之间。例如，我们生活中出现的所谓一些描述事物"好、坏、高、低、长、短"等的感官形容词就是处于一种模糊的状态，难以对其状态作出明显的界限辨别，而这种模糊现象在现实世界里也是非常多见的。由于书中对政策性金融机构社会效益的认知也是不能完全凭具体数据作为主要依据条件的，所以在这里采用模糊综合评判法对其综合绩效情况作以评价就显得更为合理和恰当。

模糊综合评判法就是利用数学方法研究模糊现象所建立起来的一种非线性评价方法，即采用模糊数学的理论技术对被评价对象的复杂性及评价指标的模糊性进行量化处理后得到的评价结果，并依据此结果进一步对事物的认识作出明确的判断。就是根据模糊数学的隶属度理论把定性评价转化为定量评价，将对受限或制约因素较多的事物（对象）作出总体的评价。该方法的演化理论——模糊集合理论最早是由美国自动控制专家扎德（Zadeh，1965）提出的，就是采用数学中的隶属函数和隶属度对生活中出现的模糊现象集合进行量化后的精准分析。由于此理论在生产实践中的实用性较强，便促成了其分支理论的产生——模糊综合评判法，并得到企事业单位绩效评价领域的广泛应用和推广。

二、模糊综合评判方法的主要步骤

模糊综合评判的流程如图 6-1 所示。

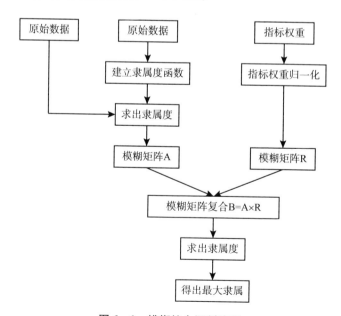

图 6-1 模糊综合评判流程

（一）确立评价对象集、因素集和评判集

根据实际需要确立评价对象集：$O = \{o_1, o_2, \cdots, o_l\}$，因素集：$U = \{u_1, u_2, \cdots, u_m\}$，与评判集：$V = \{v_1, v_2, \cdots, v_n\}$。这里，$O$代表我们所要评判的对象，$U$代表构成判断的多种因素，$V$代表对于各种因素的评价判断。

（二）建立m个因素的权重分配向量

U中各元素u，即各个评价项目所包含的子因素，影响程度是不一样的，说明U中诸因素之间有不同的权重，可将其表现为U上的一个模糊子集A，因素u的权重记为$A(u)$，可称之为U中元素u对A的隶属度。集合 $\{A(u_i), i = 1, 2, \cdots, m\}$ 叫作权数分配集合，其中$A(u_i) \geq 0$，$A(u_1) + A(u_2) + \cdots + A(u_m) = 1$。取定这一权重值的方法有很多，可以采用专家咨询法、层次分析法等。

（三）通过各单因素模糊评价获得模糊综合评价矩阵

$$R = \begin{bmatrix} R_1 \\ R_2 \\ \cdots \\ R_m \end{bmatrix} = \begin{bmatrix} r_{11} & r_{12} & \cdots & r_{1n} \\ r_{21} & r_{22} & \cdots & r_{2n} \\ \cdots & & \cdots & \\ r_{m1} & r_{m2} & \cdots & r_{mn} \end{bmatrix}$$

对于每个评价对象建立综合评价矩阵R，这里$R_i = (r_{i1}, r_{i2}, \cdots, r_{im})$为第i个因素$u_i$的单因素评价，其中$r_{ij}$表示第i个因素$u_i$在第j个评判$v_j$上的频率分布，一般将其归一化使之满足 $\sum_{j=1}^{n} r_{ij} = 1$。

（四）进行复合运算得到综合评价结果

$$B = A \times R = \begin{bmatrix} b_1 & b_2 & \cdots & b_n \end{bmatrix}$$

（五）根据最大隶属度原则，确定评价对象评判等级

对于$b_k \in B$，即对B向量的第k个分量，若$b_k = \max(b_1, b_2, \cdots,$

b_n），则评价对象属于第 k 等级。

针对一些包含较多因素的复杂系统就会产生以下两方面的问题：一是由因素过多导致权数分配确定困难；二是很小的因素权值在经过归一化处理以后就会很难得到有效的评价结果。为避免以上问题的发生，可以通过以下步骤进行修正：

（1）将因素集：$U = \{u_1, u_2, \cdots, u_m\}$ 按某种因素细分为 S 个子因素集合 $U_1, U_2, \cdots, U_s$ 其分别包括因素为 $U_i = \{u_{i1}, u_{i2}, \cdots, u_{im_i}\}$，（$i = 1, 2, \cdots, s$），满足：

$$m_1 + m_2 + \cdots + m_s = m; \quad U_1 \cup U_2 \cup \cdots \cup U_s = U; \quad U_i \cap U_j = \Phi, \quad \forall i \neq j$$

（2）对每一个子因素集合 U_i 分别作出模糊评价，对于评判集：$V = \{v_1, v_2, \cdots, v_n\}$，其中因素相对于它的权重分配为：$A^i = \{a_{i1}, a_{i2}, \cdots, a_{im_i}\}$，对于相应的单因素评判矩阵 R^i，可得到一级评判向量：$B^i = A^i \times R^i = [b_{i1} \quad b_{i2} \quad \cdots \quad b_{in}]$，$i = 1, 2, \cdots, s$。

（3）将每一个 U_i 看作一个因素，记为 $K = \{U_1, U_2, \cdots, U_s\}$，则 K 又是一个因素集合，其单因素评判矩阵为

$$R' = \begin{bmatrix} B_1 \\ B_2 \\ \cdots \\ B_s \end{bmatrix} = \begin{bmatrix} b_{11} & b_{12} & \cdots & b_{1n} \\ b_{21} & b_{22} & \cdots & b_{2n} \\ \cdots & \cdots & \cdots & \cdots \\ b_{s1} & b_{s2} & \cdots & b_{sn} \end{bmatrix}$$

每个 U_i 作为 U 的一部分，可基于其重要性给出权重分配 $A' = \{a_1, a_2, \cdots, a_s\}$，于是可得二级评判向量

$$B' = A'R' = [b_1 \quad b_2 \quad \cdots \quad b_n]$$

类似的分析可以得到多层级的模糊评判方法。

鉴于专家打分的综合评价结果所隶属的评语在标准区间边界处不是绝对的，因此对在区间边界处的情况采用清晰等级划分区间模糊化方法来计算。而书中隶属度与评判分值在对应的区间内又不具有单调性质，故选用中间型隶属函数较为恰当。考虑到正弦曲线能够较为准确地反映相邻分数之间的隶属度差别，故隶属函数采用正弦曲线，如图 6-2 所示。

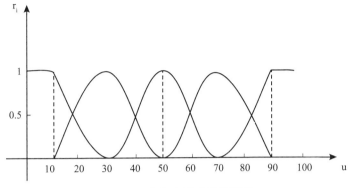

图 6 - 2　指标隶属度函数图像

模糊等级的解析式为：

$$
r_1(u) = \begin{cases} 1 & 0 \leqslant u \leqslant 10 \\ \dfrac{1}{2}\left[\sin\left(\dfrac{u-10}{20}+\dfrac{1}{2}\right)\pi+1\right] & 10 < u < 30 \\ 0 & u \geqslant 30 \end{cases}
$$

$$
r_2(u) = \begin{cases} 0 & u \leqslant 10 \\ \dfrac{1}{2}\left[\sin\left(\dfrac{u-30}{20}+\dfrac{1}{2}\right)\pi+1\right] & 10 < u < 50 \\ 0 & u \geqslant 50 \end{cases}
$$

$$
r_3(u) = \begin{cases} 0 & u \leqslant 30 \\ \dfrac{1}{2}\left[\sin\left(\dfrac{u-50}{20}+\dfrac{1}{2}\right)\pi+1\right] & 30 < u < 70 \\ 0 & u \geqslant 70 \end{cases}
$$

$$
r_4(u) = \begin{cases} 0 & u \leqslant 50 \\ \dfrac{1}{2}\left[\sin\left(\dfrac{u-70}{20}+\dfrac{1}{2}\right)\pi+1\right] & 50 < u < 90 \\ 0 & u \geqslant 90 \end{cases}
$$

$$
r_5(u) = \begin{cases} 0 & u \leqslant 70 \\ \dfrac{1}{2}\left[\sin\left(\dfrac{u-90}{20}+\dfrac{1}{2}\right)\pi+1\right] & 70 < u < 90 \\ 1 & 90 \leqslant u \leqslant 100 \end{cases}
$$

其中：r_1—指标隶属于"极小"的隶属度；r_2—指标隶属于"较小"的隶属度；r_3—指标隶属于"一般"的隶属度；r_4—指标隶属于"较大"的隶属度；r_5—指标隶属于"极大"的隶属度。U—指标分值。

第三节　两家政策性金融机构综合绩效模糊评判

本书应用模糊评判法评价两家样本省级分行的综合绩效，是在层次分析法确立指标体系各指标权重的基础上，通过专家意见法获得专家对于样本省级分行各指标的打分，再通过模糊变换的方式，计算两家综合评价得分。下面主要以农发行 L 省级分行为例，详细说明 L 省级分行综合绩效的模糊评判过程，而农发行 H 省级分行综合绩效的模糊评判过程与 L 省级分行同理，故不再一一陈述，直接输出结果。

一、农发行 L 省级分行综合绩效模糊评判

（一）建立农发行 L 省级分行模糊综合评判的各层因素集和评语集

根据指标体系的结构，将农发行 L 省级分行模糊综合评判的因素集分为三层：

第一层有一个因素集：$U = \{u_1, u_2, u_3, u_4, u_5\}$，其中 u_1、u_2、u_3、u_4 和 u_5 分别代表经济系统、社会系统、生态系统、经营绩效和公共绩效五个一级指标。

第二层有五个因素集：$U_1 = \{u_{11}, u_{12}, u_{13}, u_{14}\}$，其中 u_{11}、u_{12}、u_{13} 和 u_{14} 分别代表经济总量、产业结构、投资水平和收入水平四个二级指标；$U_2 = \{u_{21}, u_{22}\}$，其中 u_{21} 和 u_{22} 分别代表社会发展和利益相关者

满意度两个二级指标；$U_3 = \{u_{31}, u_{32}\}$，其中 u_{31} 和 u_{32} 分别代表资源利用和环境影响两个二级指标；$U_4 = \{u_{41}, u_{42}, u_{43}\}$，其中 u_{41}、u_{42} 和 u_{43} 分别代表安全性、盈利性和管理能力三个二级指标；$U_5 = \{u_{51}, u_{52}\}$，其中 u_{51} 和 u_{52} 分别代表社会福利水平和公共项目支持两个二级指标。

第三层有十三个因素集：$U_{11} = \{u_{111}, u_{112}\}$，其中 u_{111} 和 u_{112} 分别代表地区生产总值和人均地区生产总值两个三级指标；$U_{12} = \{u_{121}, u_{122}\}$，其中 u_{121} 和 u_{122} 分别代表产业结构升级水平和产业结构优化水平两个三级指标；$U_{13} = \{u_{131}, u_{132}\}$，其中 u_{131} 和 u_{132} 分别代表全社会固定资产投资和投资效率水平两个三级指标；$U_{14} = \{u_{141}, u_{142}, u_{143}\}$，其中 u_{141}、u_{142} 和 u_{143} 分别代表农村人均纯收入、城镇居民人均可支配收入和城乡收入对比三个三级指标；$U_{21} = \{u_{211}, u_{212}, u_{213}, u_{214}\}$，其中 u_{211}、u_{212}、u_{213} 和 u_{214} 分别代表公共基础设施建设覆盖面、教育水平、城镇化水平和劳动力就业水平四个三级指标；$U_{22} = \{u_{221}, u_{222}, u_{223}, u_{224}, u_{225}\}$，其中 u_{221}、u_{222}、u_{223}、u_{224} 和 u_{225} 分别代表政府满意度、企业满意度、弱势群体满意度、金融监管当局满意度和社会群众监督满意度五个三级指标；$U_{31} = \{u_{311}, u_{312}, u_{313}\}$，其中 u_{311}、u_{312} 和 u_{313} 分别代表能源利用率、土地资源利用率和水资源利用率三个三级指标；$U_{32} = \{u_{321}, u_{322}, u_{323}, u_{324}\}$，其中 u_{321}、u_{322}、u_{323} 和 u_{324} 分别代表废水排放量（万吨）、废气排放量（亿标立方米）、废渣排放量（万吨）和空气质量指数四个三级指标；$U_{41} = \{u_{411}, u_{412}, u_{413}\}$，其中 u_{411}、u_{412} 和 u_{413} 分别代表不良贷款率、贷款利息收回率和资本充足率三个三级指标；$U_{42} = \{u_{421}, u_{422}, u_{423}\}$，其中 u_{421}、u_{422} 和 u_{423} 分别代表资产利润率、人均净利润和资本净利率三个三级指标；$U_{43} = \{u_{431}, u_{432}, u_{433}\}$，其中 u_{431}、u_{432} 和 u_{433} 分别代表信贷效率、信贷风险控制水平和产品和服务创新能力三个三级指标；$U_{51} = \{u_{511}, u_{512}, u_{513}\}$，其中 u_{511}、u_{512} 和 u_{513} 分别代表脱贫效果反馈情况和社会医疗、养老等保障系统覆盖度以及教育文化事业参与度三个三级指标；$U_{52} = \{u_{521}, u_{522}, u_{523}, u_{524}, u_{525}, u_{526}, u_{527}, u_{528}\}$，其中 u_{521}、u_{522}、u_{523}、u_{524}、u_{525}、u_{526}、u_{527} 和 u_{528} 分别代表中小微

企业贷款发放额、棚户区改造贷款发放额、支持三农贷款发放额、扶贫贷款累计发放额、助学贷款发放额、基础设施建设贷款发放额、绿色贷款发放额和"一带一路"建设贷款发放额八个三级指标。确定因素集后需要明确一个评语集，用 V 表示，评语集在本书中是专家对样本省级分行指标完成度的一个衡量标准，对于研究所选用两家省级分行的评语集确定为 V = {优，良，中，差，很差}。

（二）确定农发行 L 省级分行模糊综合评判的各因素指标权重

本书第四章运用专家意见法（Delphi method）和变异系数检验经过两轮的专家意见调查，最终确定了政策性金融机构绩效评价指标。并在此基础上，采用层次分析法确定第五章各绩效评价指标的权重设置。因此，这里对农发行 L 省级分行模糊综合评判的各因素指标权重的设置过程不再一一陈述，直接参照第五章中已设计好的中国政策性金融机构绩效评价指标权重设置的结果（见表6-1）。

表6-1　　　　中国政策性金融机构绩效评价指标权重设置结果

一级指标	二级指标	三级指标
中国政策性金融机构绩效评价指标体系	经济系统（10.82%）	经济总量（5.39%）：地区生产总值（1.80%）；人均地区生产总值（3.59%） 产业结构（2.98%）：产业结构升级水平（1.49%）；产业结构优化水平（1.49%） 投资水平（1.68%）：全社会固定资产投资（1.12%）；投资效率水平（0.56%） 收入水平（0.78%）：农民人均纯收入（0.19%）；城镇居民人均可支配收入（0.19%）；城乡收入对比（0.39%）

续表

	一级指标	二级指标	三级指标
中国政策性金融机构绩效评价指标体系	社会系统（10.82%）	社会发展（7.22%）	公共基础设施建设覆盖面（0.87%）
			教育水平（0.87%）
			城镇化水平（1.58%）
			劳动力就业水平（3.89%）
		利益相关者满意度（3.61%）	政府满意度（0.18%）
			企业满意度（0.51%）
			弱势群体满意度（1.59%）
			金融监管当局满意度（0.76%）
			社会群众监督满意度（0.57%）
	生态系统（5.23%）	资源利用（1.74%）	能源利用率（1.11%）
			土地资源利用率（0.30%）
			水资源利用率（0.33%）
		环境影响（3.49%）	废水排放量（万吨）（0.71%）
			废气排放量（亿标立方米）（0.52%）
			废渣排放量（万吨）（0.20%）
			空气质量指数（2.06%）
	经营绩效（26.46%）	安全性（3.61%）	不良贷款率（2.70%）
			贷款利息收回率（4.91%）
			资本充足率（8.92%）
		盈利性（16.54%）	资产利润率（0.93%）
			人均净利润（0.38%）
			资本净利率（2.30%）
		管理能力（6.31%）	信贷效率（0.77%）
			信贷风险控制水平（1.45%）
			产品和服务创新能力（4.09%）

一级指标	二级指标	三级指标
中国政策性金融机构绩效评价指标体系	公共绩效（46.66%）	社会福利水平（15.55%） 脱贫效果反馈情况（10.08%）
		社会医疗、养老等保障系统覆盖度（3.57%）
		教育文化事业参与度（1.90%）
	公共项目支持（31.1%）	中小微企业贷款发放额（1.70%）
		棚户区改造贷款发放额（3.11%）
		支持"三农"贷款发放额（6.19%）
		扶贫贷款累计发放额（3.50%）
		助学贷款发放额（1.20%）
		基础设施建设贷款发放额（7.85%）
		绿色贷款发放额（2.06%）
		"一带一路"建设贷款发放额（5.50%）

（三）构建农发行 L 省级分行模糊综合评判的隶属评价矩阵

本文研究的样本是农发行 L 省级分行和 H 省级分行，故咨询的对象为来自该行业的专家（学者），在咨询前，搜集整理了样本省级分行的相关资料，为专家（学者）提供参考。共发放问卷 14 份，收回 14 份。问卷主要目的是请专家（学者）根据个人对样本省级分行的了解和对所提供资料的分析对样本省级分行的综合绩效三级指标进行评价，评价尺度即建立评语中的五个标准：优、良、中、差、很差，每一个指标都对应这五个模糊评语。然后对专家（学者）评价的结果进行整理和统计，计算出每一个评语在样本省级分行各个指标下的隶属度，并构建隶属评价矩阵。下面以农发行 L 省级分行绩效评价指标打分情况为例，具体说明如表 6 - 2 所示。

表 6 – 2　　　　　　农发行 L 省级分行绩效评价指标打分统计结果

	V_1（优）		V_2（良）		V_3（中）		V_4（差）		V_5（很差）	
	人数	比重	人数	比重	人数	比重	人数	比重	人数	比重
u_{111}	2	1/7	6	3/7	5	5/14	1	1/14	0	0
u_{112}	1	1/14	6	3/7	4	1/14	3	3/14	0	0
u_{121}	4	2/7	7	1/2	3	3/14	0	0	0	0
u_{122}	0	0	7	1/2	5	5/14	2	1/7	0	0
u_{131}	4	2/7	2	1/7	6	3/7	1	1/14	1	1/14
u_{132}	1	1/14	5	5/14	8	4/7	0	0	0	0
u_{141}	1	1/14	6	3/7	4	2/7	3	3/14	0	0
u_{142}	3	3/14	7	1/2	2	1/7	2	1/7	0	0
u_{143}	2	1/7	3	3/14	9	9/14	0	0	0	0
u_{211}	2	1/7	3	3/14	9	9/14	0	0	0	0
u_{212}	6	3/7	4	2/7	2	1/7	2	1/7	0	0
u_{213}	3	3/14	3	3/14	6	3/7	2	1/7	0	0
u_{214}	1	1/14	7	1/2	5	5/14	1	1/14	0	0
u_{221}	3	3/14	2	1/7	7	1/2	1	1/14	1	1/14
u	1	1/14	4	2/7	3	3/14	6	3/7	0	0
u_{223}	2	1/7	6	3/7	2	1/7	4	2/7	0	0
u_{224}	2	2/14	5	5/14	4	4/14	3	3/14	0	0
u_{225}	3	3/14	4	2/7	5	5/14	1	1/14	1	1/14
u_{311}	0	0	6	3/7	6	3/7	2	1/7	0	0
u_{312}	1	1/14	3	3/14	5	5/14	5	5/14	0	0
u_{313}	0	0	4	2/7	8	4/7	2	1/7	0	0
u_{321}	0	0	5	5/14	4	2/7	5	5/14	0	0
u_{322}	0	0	4	2/7	8	4/7	2	1/7	0	0
u_{323}	0	0	6	3/7	6	3/7	2	1/7	0	0
u_{324}	1	1/14	2	1/7	8	4/7	3	3/14	0	0
u_{411}	2	1/7	6	3/7	5	5/14	1	1/14	0	0

	V_1（优）		V_2（良）		V_3（中）		V_4（差）		V_5（很差）	
	人数	比重	人数	比重	人数	比重	人数	比重	人数	比重
u_{412}	1	1/14	3	3/14	8	4/7	2	1/7	0	0
u_{413}	0	0	4	2/7	7	1/2	3	3/14	0	0
u_{421}	0	0	5	5/14	3	3/14	5	5/14	1	1/14
u_{422}	2	1/7	4	2/7	6	3/7	2	1/7	0	0
u_{423}	1	1/14	6	3/7	5	5/14	1	1/14	1	1/14
u_{431}	0	0	2	1/7	6	3/7	6	3/7	0	0
u_{432}	2	1/7	1	1/14	7	1/2	4	2/7	0	0
u_{433}	0	0	3	3/14	2	1/7	7	1/2	2	1/7
u_{511}	3	3/14	5	5/14	6	3/7	0	0	0	0
u_{512}	4	2/7	3	3/14	6	3/7	1	1/14	0	0
u_{513}	7	1/2	4	2/7	3	3/14	0	0	0	0
u_{521}	3	3/14	5	5/14	4	2/7	2	1/7	0	0
u_{522}	8	4/7	3	3/14	3	3/14	0	0	0	0
u_{523}	6	3/7	6	3/7	2	1/7	0	0	0	0
u_{524}	6	3/7	4	2/7	4	2/7	0	0	0	0
u_{525}	5	5/14	6	3/7	3	3/14	0	0	0	0
u_{526}	7	1/2	4	2/7	3	3/14	0	0	0	0
u_{527}	2	1/7	4	2/7	7	1/2	1	1/14	0	0
u_{528}	9	9/14	3	3/14	2	1/7	0	0	0	0

根据专家对于农发行 L 省级分行绩效评价指标各三级指标对五个评语的隶属度，构建隶属矩阵，结果如下：

$$R_{11} = \begin{bmatrix} 1/7 & 3/7 & 5/14 & 1/14 & 0 \\ 1/14 & 1/2 & 3/14 & 3/14 & 0 \end{bmatrix}$$

$$R_{12} = \begin{bmatrix} 2/7 & 1/2 & 3/14 & 0 & 0 \\ 0 & 1/2 & 5/14 & 1/7 & 0 \end{bmatrix}$$

$$R_{13} = \begin{bmatrix} 2/7 & 1/7 & 3/7 & 1/14 & 1/14 \\ 1/14 & 5/14 & 4/7 & 0 & 0 \end{bmatrix}$$

$$R_{14} = \begin{bmatrix} 1/14 & 3/7 & 2/7 & 3/14 & 0 \\ 3/14 & 1/2 & 1/7 & 1/7 & 0 \\ 1/7 & 3/14 & 9/14 & 0 & 0 \end{bmatrix}$$

$$R_{21} = \begin{bmatrix} 1/7 & 3/14 & 9/14 & 0 & 0 \\ 3/7 & 2/7 & 1/7 & 1/7 & 0 \\ 3/14 & 3/14 & 3/7 & 1/7 & 0 \\ 1/14 & 1/2 & 5/14 & 1/14 & 0 \end{bmatrix}$$

$$R_{22} = \begin{bmatrix} 3/14 & 1/7 & 1/2 & 1/14 & 1/14 \\ 1/14 & 2/7 & 3/14 & 3/7 & 0 \\ 1/7 & 3/7 & 1/7 & 2/7 & 0 \\ 1/7 & 5/14 & 2/7 & 3/14 & 0 \\ 3/14 & 2/7 & 5/14 & 1/14 & 1/14 \end{bmatrix}$$

$$R_{31} = \begin{bmatrix} 0 & 3/7 & 3/7 & 1/7 & 0 \\ 1/14 & 3/14 & 5/14 & 5/14 & 0 \\ 0 & 2/7 & 4/7 & 1/7 & 0 \end{bmatrix}$$

$$R_{32} = \begin{bmatrix} 0 & 5/14 & 2/7 & 5/14 & 0 \\ 0 & 2/7 & 4/7 & 1/7 & 0 \\ 0 & 3/7 & 3/7 & 1/7 & 0 \\ 1/14 & 1/7 & 4/7 & 3/14 & 0 \end{bmatrix}$$

$$R_{41} = \begin{bmatrix} 1/7 & 3/7 & 5/14 & 1/14 & 0 \\ 1/14 & 3/14 & 4/7 & 1/7 & 0 \\ 0 & 2/7 & 1/2 & 3/14 & 0 \end{bmatrix}$$

$$R_{42} = \begin{bmatrix} 0 & 5/14 & 3/14 & 5/14 & 1/14 \\ 1/7 & 2/7 & 3/7 & 1/7 & 0 \\ 1/14 & 3/7 & 5/14 & 1/14 & 1/14 \end{bmatrix}$$

$$R_{43} = \begin{bmatrix} 0 & 1/7 & 3/7 & 3/7 & 0 \\ 1/7 & 1/14 & 1/2 & 2/7 & 0 \\ 0 & 3/14 & 1/7 & 1/2 & 1/7 \end{bmatrix}$$

$$R_{51} = \begin{bmatrix} 3/14 & 5/14 & 3/7 & 0 & 0 \\ 2/7 & 3/14 & 3/7 & 1/14 & 0 \\ 1/2 & 2/7 & 3/14 & 0 & 0 \end{bmatrix}$$

$$R_{52} = \begin{bmatrix} 3/14 & 5/14 & 2/7 & 1/7 & 0 \\ 4/7 & 3/14 & 3/14 & 0 & 0 \\ 3/7 & 3/7 & 1/7 & 0 & 0 \\ 3/7 & 2/7 & 2/7 & 0 & 0 \\ 5/14 & 3/7 & 3/14 & 0 & 0 \\ 1/2 & 2/7 & 3/14 & 0 & 0 \\ 1/7 & 2/7 & 1/2 & 1/14 & 0 \\ 9/14 & 3/14 & 1/7 & 0 & 0 \end{bmatrix}$$

（四）进行模糊变换，由下至上逐层得出评价结果

由已建立农发行 L 省级分行综合绩效评价指标体系各三级指标的权重可得第三层每一个因素集上的模糊权重集合分别如下：

$$A_{11} = (0.0180 \quad 0.0359)$$

$$A_{12} = (0.0149 \quad 0.0149)$$

$$A_{13} = (0.0112 \quad 0.0056)$$

$$A_{21} = (0.0087 \quad 0.0087 \quad 0.0158 \quad 0.0389)$$

$$A_{22} = (0.0018 \quad 0.0051 \quad 0.0159 \quad 0.0076 \quad 0.0057)$$

$$A_{31} = (0.0111 \quad 0.0030 \quad 0.0033)$$

$$A_{32} = (0.0071 \quad 0.0052 \quad 0.0020 \quad 0.0206)$$

$$A_{41} = (0.0270 \quad 0.0491 \quad 0.0892)$$

$$A_{42} = (0.0093 \quad 0.0038 \quad 0.0230)$$

$$A_{43} = (0.0077 \quad 0.0145 \quad 0.0409)$$

$$A_{51} = (0.1008 \quad 0.0357 \quad 0.0190)$$

$A_{52} = (0.0170 \quad 0.0311 \quad 0.0619 \quad 0.0350 \quad 0.0120 \quad 0.0785 \quad 0.0206 \quad 0.0550)$

根据综合评判向量 B 的公式 $B = A \times R$，可以分别求出第三层每一个因素集的综合评判向量，如下：

$$B_{11} = A_{11} \times R_{11} = (0.0051 \quad 0.0257 \quad 0.0141 \quad 0.0090 \quad 0)$$

$$B_{12} = A_{12} \times R_{12} = (0.0043 \quad 0.0149 \quad 0.0085 \quad 0.0021 \quad 0)$$

$$B_{13} = A_{13} \times R_{13} = (0.0036 \quad 0.0036 \quad 0.0080 \quad 0.0008 \quad 0.0008)$$

$$B_{14} = A_{14} \times R_{14} = (0.0011 \quad 0.0026 \quad 0.0033 \quad 0.0007 \quad 0)$$

$$B_{21} = A_{21} \times R_{21} = (0.0111 \quad 0.0272 \quad 0.0275 \quad 0.0063 \quad 0)$$

$$B_{22} = A_{22} \times R_{22} = (0.0053 \quad 0.0129 \quad 0.0085 \quad 0.0089 \quad 0.0005)$$

$$B_{31} = A_{31} \times R_{31} = (0.0002 \quad 0.0063 \quad 0.0077 \quad 0.0031 \quad 0)$$

$$B_{32} = A_{32} \times R_{32} = (0.0015 \quad 0.0078 \quad 0.0176 \quad 0.0080 \quad 0)$$

$$B_{41} = A_{41} \times R_{41} = (0.0074 \quad 0.0476 \quad 0.0823 \quad 0.0281 \quad 0)$$

$$B_{42} = A_{42} \times R_{42} = (0.0022 \quad 0.0143 \quad 0.0118 \quad 0.0055 \quad 0.0023)$$

$$B_{43} = A_{43} \times R_{43} = (0.0021 \quad 0.0109 \quad 0.0164 \quad 0.0279 \quad 0.0058)$$

$$B_{51} = A_{51} \times R_{51} = (0.0413 \quad 0.0491 \quad 0.0626 \quad 0.0026 \quad 0)$$

$$B_{52} = A_{52} \times R_{52} = (0.1448 \quad 0.0945 \quad 0.0679 \quad 0.0039 \quad 0)$$

完成第三层因素集的模糊评价后继续第二层因素集的模糊评价：

$$R_1 = (B_{11} \quad B_{12} \quad B_{13} \quad B_{14})^T$$

$$= \begin{bmatrix} 0.0051 & 0.0257 & 0.0141 & 0.0090 & 0 \\ 0.0043 & 0.0149 & 0.0085 & 0.0021 & 0 \\ 0.0036 & 0.0036 & 0.0080 & 0.0008 & 0.0008 \\ 0.0011 & 0.0026 & 0.0033 & 0.0007 & 0 \end{bmatrix}$$

$$R_2 = (B_{21} \quad B_{22})^T = \begin{bmatrix} 0.0111 & 0.0272 & 0.0275 & 0.0063 & 0 \\ 0.0053 & 0.0129 & 0.0085 & 0.0089 & 0.0005 \end{bmatrix}$$

由已建立的政策性金融机构综合绩效评价指标体系各二级指标的权重可得第二层每一个因素集上的模糊权重集合分别如下：

$$A_1 = (0.0539 \quad 0.0298 \quad 0.0168 \quad 0.0078)$$

$$A_2 = (0.0722 \quad 0.0361)$$

$$A_3 = (0.0174 \quad 0.0349)$$

$$A_4 = (0.0361 \quad 0.1654 \quad 0.0631)$$

$$A_5 = (0.1555 \quad 0.3110)$$

根据综合评判向量 B 的公式 $B = A \times R$，可以分别求出第二层每一个因素集的综合评判向量，如下：

$$B_1 = A_1 \times R_1 = (0.0005 \quad 0.0019 \quad 0.0012 \quad 0.0006 \quad 0)$$

$$B_2 = A_2 \times R_2 = (0.0010 \quad 0.0024 \quad 0.0023 \quad 0.0008 \quad 0)$$

$$B_3 = A_3 \times R_3 = (0.0001 \quad 0.0004 \quad 0.0007 \quad 0.0003 \quad 0)$$

$$B_4 = A_4 \times R_4 = (0.0008 \quad 0.0048 \quad 0.0060 \quad 0.0037 \quad 0.0007)$$

$$B_5 = A_5 \times R_5 = (0.0515 \quad 0.0370 \quad 0.0309 \quad 0.0016 \quad 0)$$

完成第二层因素集的模糊评价后继续第一层因素集的模糊评价：

$$R = (B_1 \quad B_2 \quad B_3 \quad B_4 \quad B_5)^T$$

$$= \begin{bmatrix} 0.0005 & 0.0019 & 0.0012 & 0.0006 & 0 \\ 0.0010 & 0.0024 & 0.0023 & 0.0008 & 0 \\ 0.0001 & 0.0004 & 0.0007 & 0.0003 & 0 \\ 0.0008 & 0.0048 & 0.0060 & 0.0037 & 0.0007 \\ 0.0515 & 0.0370 & 0.0309 & 0.0016 & 0 \end{bmatrix}$$

由已建立的政策性金融机构综合绩效评价指标体系各一级指标的权重可得第一层每一个因素集上的模糊权重集合分别如下：

$$A = (0.1082 \quad 0.1082 \quad 0.0523 \quad 0.2646 \quad 0.4666)$$

根据综合评判向量的公式，可以分别求出第一层每一个因素集的综合评判向量，如下：

$$B = A \times R = (0.0244 \quad 0.0190 \quad 0.0164 \quad 0.0019 \quad 0.0002)$$

即 $B_L = A \times R = (0.0244 \quad 0.0190 \quad 0.0164 \quad 0.0019 \quad 0.0002)$

进行归一化处理得到：

$$B_L = (0.3942 \quad 0.3069 \quad 0.2649 \quad 0.0307 \quad 0.0032)$$

给评语集中"优""良""中""差""很差"分别赋值"9""7""5""3""1"，得到赋值向量 $C = (9 \quad 7 \quad 5 \quad 3 \quad 1)$，则可由公式 $S = C \times (B_L)^T$ 得到农发行 L 省级分行综合绩效的最终模糊评分 S_L 的值为：

$$S_L = C \times (B_L)^T = (9 \quad 7 \quad 5 \quad 3 \quad 1) \times \begin{pmatrix} 0.3942 \\ 0.3069 \\ 0.2649 \\ 0.0307 \\ 0.0032 \end{pmatrix} = 7.1163$$

二、农发行 H 省级分行综合绩效模糊评判

同理可以得出农发行 H 省分行综合绩效的最终模糊评分 S_H 的值为：

$$S_H = C \times (B_H)^T = (9 \quad 7 \quad 5 \quad 3 \quad 1) \times \begin{pmatrix} 0.2815 \\ 0.2579 \\ 0.3563 \\ 0.0925 \\ 0.0118 \end{pmatrix} = 6.4094$$

第四节　实证结果分析

绩效评价的目的是发现问题，进而采取相应措施去解决这些问题，以此来达到最终目标的实现。本文从农发行 L 省级分行和 H 省级分行综合绩效评判结果着手，并结合政策性金融机构绩效评价指标体系的权重展开深入的分析，以此来提高该机构公共政策目标的实现度。

从两家省级分行的综合评判结果可以看出，L 省级分行的综合绩效情况要好于 H 省级分行的综合绩效情况。这与 L 省级分行对公共项目支持要好于 H 省级分行对公共项目的支持有关，并且公共绩效在整个综合绩效占比中达到 46.66%，足以验证其特殊的公共属性特征以及对扶植弱势群体的强化功能。L 省级分行在近些年的棚户区改造、精准扶贫工程、强农惠农工程、"一带一路"项目、支持三农项目等方面都要领先于 H 省级分行，故综合绩效水平肯定也要高一些，但是通过得

分可以看出两家机构的综合绩效总体上都处于中等水平阶段。由此可见，政策性金融机构要重视其发展，必须给予公共项目最有力的支持，这样才能体现政策性金融的本质功能，这也是 2015 年国家领导层再次对其职能定位进行强化的原因所在。同时，要求金融监管部门对其所属机构的绩效考核重点突出在公共绩效方面。政策性金融虽然坚持保本微利的经营原则，但其市场化进程也在逐步推进，故经营绩效方面的考核也在逐渐受到金融监管当局和管理者的重视。"无生存何以谈发展"如果出现长期亏损的经营状况就会导致政策性业务无法持续开展下去，所带来的短期政策性职能效果就不能得到有效的强化和巩固，政策目标的实现也只会成为人们心目中的"乌托邦"。这在专家（学者）对 L 省级分行和 H 省级分行的调查评价结果中也有进一步的体现，包括近些年对该所属机构不良贷款率的控制以及进一步要求的资本充足率，都体现了国家对政策性金融机构经营质量的要求在逐年地提升和加强。政策性金融机构自组建以来，对经济、社会和生态系统等方面发挥的作用不容小觑，尤其在产业结构调整、缩小城乡收入差距、加快城镇化进程、促进社会就业稳定和支持节能减排工程等诸多方面给予了不同程度的支持，发挥了调节剂和稳定器的作用。

综上所述，通过对两家省级分行综合绩效情况的比较分析，可以得出我国现阶段政策性金融机构的综合绩效情况不高的结论。文章提出对绩效评价的考核指标要突出重点、对考核的维度要体现全面的要求，即在以公共绩效考核为主导的前提下，兼顾对其经营绩效的考核，以及对经济、社会和生态系统等方面的考核，这样才能为深化政策性金融体制全面改革和实现可持续性发展战略目标保驾护航。

第七章

研究结论与启示

第一节 研究结论

政策性金融机构改革是国家"十三五"规划深入金融体制改革的重点研究对象，其在新常态下服务实体经济的公共职能作用也表现得越来越突出。在此背景下，本书从政策性金融机构的政策目标实现度出发，对其绩效评价指标体系进行了深入的思考与探讨，并得到以下的研究结果：

第一，政策性金融机构绩效评价指标体系构建。本书依托于政策性金融、政策性金融机构以及政策性金融机构绩效评价前期取得有效研究成果的基础上，以三个系统（经济、社会和生态）和两个维度（经营绩效、公共绩效）确立绩效评价指标体系的基准框架，并以此来展开对评价指标体系的构建。进一步通过基本理论、已有研究和国际借鉴对其具体评价指标进行初步的预选，并通过两轮专家调查问卷对该预选指标进行严格筛选，再依据专家的建议和变异系数检验对其评价预选指标进行删除、修改和添加，最终确定以5个一级指标、13个二级指标和45个三级指标为准的政策性金融机构绩效评价指标体系。

第二，政策性金融机构绩效评价指标权重的确立。本书从政策性金融机构的公共属性本质特征出发，来确定该综合绩效各个评价指标的权重。通过专家对已确定的具体评价指标所构成的判断矩阵进行打分，并通过层次分析法（AHP）确定各指标在整个绩效评价体系中所占有的权重比例。一级指标权重：公共绩效为46.66%；经营绩效为26.46%；经济系统为10.82%；社会系统为10.82%；生态系统为5.23%。由此可以看出，公共绩效指标权重占比将近总体的一半，体现了对其政策实现度考核的重视，促进了公共政策职能的发挥，符合政策性金融机构的本质发展要求。二级指标权重：公共项目支持为31.1%；盈利性为16.54%；社会福利水平为15.55%；社会发展为7.22%；管理能力为6.31%；经济总量为5.39%；安全性为3.61%；利益相关者满意度为3.61%；环境影响为3.49%；产业结构为2.98%；资源利用为1.74%；投资水平为1.68%；收入水平为0.78%，同样符合政策性金融机构的本质发展要求。三级指标因数目较多，故其权重不在这里一一陈述，但也同样符合政策性金融机构的本质发展要求。并进一步将权重结果作以具体分析，得出所确定评价指标权重的准确性和合理性结论。

第三，政策性金融机构绩效评价指标体系的应用。本书采用模糊评判法对农发行L省级分行和H省级分行进行具体指标体系的应用，并对两家政策性金融机构的综合绩效进行实证结果分析。得出的结论是L省级分行的综合绩效要好于H省级分行的综合绩效，这与L省级分行高于H省级分行对公共项目的实际扶持力度密切吻合，体现了所构建绩效评价体系的可行性和合理性。并通过对综合绩效得分的判断，可以推断出我国现阶段政策性金融机构的综合绩效情况大约处在上升的中游阶段，应该进一步加大我国政策性金融机构综合绩效水平的提升空间。

第二节　政 策 建 议

一、政策性金融机构在经营过程中应重视综合绩效水平的提高

由于我国政策性金融机构组建的目的就是要发挥对强位弱势群体的金融服务功能和加快实现国家发展的战略目标，应该更多地考虑该机构提供公共产品的可持续性和正外部性，不能简单地从经济效益角度对其进行相关的绩效评价，而社会效益恰恰是政策性金融机构作为公共金融机构最有力的反映，因此，应该综合考虑政策性金融机构绩效水平。在经营业务开展的过程中，一方面要考虑该机构的相关经济效益指标，主要包括贷款利息收回率、资本充足率、资产利润率和不良贷款率等财务性指标，也就是在经营绩效上必须坚持财务上的稳健，虽然坚持保本微利是经营原则，但是最基本的要求是不能亏损，这是该机构可持续发展的前提条件和生存基础。另一方面要考虑该机构的社会效益指标，也就是它的正外部性，正外部性也就是它所发挥的公共政策职能效果，主要包括它对公共基础设施建设、"三农"、进出口贸易、精准扶贫、环境保护、养老服务、医疗卫生等提供有效支持的非财务性指标，也就是体现在社会效益上。由于社会效益涉及范围较为广泛，可以将其归纳为经济系统、社会系统、生态系统的影响和公共绩效四个方面，这四个方面才真正体现了该机构发展的根本目的和长远规划目标。因此，要对该机构的绩效进行综合、准确的评价，就必须做到主观与客观、经济效益与社会效益相结合的评价原则，并且要重点考核其社会效益的正外部性，这是保证该机构公共职能持续发挥和政策经营可持续发展的根本目的所在。质变的前提条件是量变的不断积累，政策性金融机构在实现政策目标的同时，也一定要保证良好的经营状况，这是其生存的保障，只有这

样才能保证政策性金融功能的有效发挥。同时，在构建政策性金融机构绩效评价体系的过程中要体现多元化的考核原则，这样才能综合反映该机构的绩效情况，避免出现考核单一化或偏重化，保证科学有效地评价政策性金融机构现阶段的综合绩效水平，实现其机构经营政策性业务的有序开展和良性推进。

二、提高我国政策性金融机构绩效评价水平需要多方努力共同完成

从本书所构建的我国政策性金融机构绩效评价指标体系可以看出，在力求全面和准确地作出综合评价判断的情况下，该体系涵盖的相关子指标的数目是较为丰富的。所谓"牵一发而动全身"，每个子指标的波动都会对整体的绩效水平产生一定的影响，尤其是权重较大的子指标，因此影响政策性金融机构综合绩效水平的因素实际上是较多的，倘若通过弥补某个方面或某些方面的缺陷来达到绩效水平的提升，显然该做法是非常有限的。鉴于影响政策性金融机构绩效提升的因素的复杂性，必须联合多方面主体共同努力才能实现该机构绩效提升的预期效果，以此来全面提高其综合绩效水平。下面将从政府与自身两个层面进行阐述。

1. 政府层面。

（1）政府要为政策性金融机构提供更多的政策支持。

政策性金融机构的发展离不开政府的大力支持和有效的目标索引，这样才能给予政策性功能发挥效应的空间，促进其加速实现目标。首先，要加强政策性资金的投入力度。虽然我国目前的融资体系呈现出良好、多元的发展趋势，但对于中小企业发展、公共基础设施建设、三农建设、进出口贸易支持和公益项目支持等都表现出较为突出的融资难和融资贵的问题，若所属机构通过获得大量的政策资金注入得到了有效保障，其公共职能的充分发挥就可以减缓上述问题的发生，彰显了国家大力发展政策性金融的目的所在。其次，要加强政府的政策导向支持。政策性金融机构制定的经营策略要保持同当前的经济发展战略需要相匹

配，就需要政府给予相应的正确引导。哪些方面对于当前经济发展需要是最有利的，也是实现政策效用最高能的，就应该偏重或倾向于哪些方面的扶持，以此来提升政策目标的实现程度。最后，要加强政策性金融发展的软环境建设。督促相关部门有效配合政策性金融机构业务的顺利开展，保证上级审批机关办理手续的高效化，采取特殊政策特殊化处理，减少烦琐程序和不必要的时间滞后，提高其经营效率软实力，促进综合绩效水平的全面提升。故此，政府应该全面加强对政策性金融机构的扶持力度和导向作用，成为机构茁壮成长的最坚实"臂膀"。

（2）政府要为政策性金融机构提供明确的立法保障。

我国政策性金融机构自 1994 年组建以来，历经了二十几年的成长历程，但始终没有制定一套专门为自身服务的法律规范，这种"先立行"而"后立法"的做法在我国特殊的国情下是可以生存发展的，并得到了实践的证明。但随着机构的不断发展壮大，这种做法暴露了很多缺陷和弊端。而国外的政策性金融机构如日本农林渔业金融公库、韩国产业银行、德国复兴信贷银行等都有属于自己的一部法律，以此来管理和规范其经营行为。由此可见，当前我国急需制定一部专门的法律来为政策性金融机构保驾护航，这样才能保证政策性金融活动的有效开展。政策性金融机构要做到提升目标的实现度必须明确以下法律相关问题。第一，相关法律的设立，既要有组织法，又要有业务法。组织法是该机构组建与运行的法律依据，是对该机构的组织形式、职责权限、法律地位、内部机构设置等作出的相关规定；而业务法是对该机构的经营目的、业务范围、财务审计以及监督管理等方面作出的相关规定。该法律的明确将为其有效开展政策性经营活动、发挥相关效应功能和实现战略目标等提供最有力的保障。同时，该机构法律赋有的权威性和规范性也为综合绩效评价工作的顺利开展奠定了良好的基础。第二，相关法律的设立，必须要明确该机构的战略定位、总体框架、经营宗旨、经营界限和退出机制，并以正面清单的形式进一步确定政策性业务的范围、模式、资产负债比率和资金融资渠道等。对该机构相关法律的设立必须坚持以下三条原则：一是专业性原则。就是要求政策性金融机构必须经营相关规定范围内的政策性金融业务，不得跨界经营或经营有利可图的"擦边球"业务，防止出现缺位、越位问题。二是政策性原则。就是要求政策性金融机构必须紧跟国家政策意图，积极配合国家战略调整，全面支持以民生大计为核心的战略性项目。三是低成本性原则。就是要求该机构在经营项目效益较低的情况下必须配置较低的资金成本，这就需要国家提供充分的资金投入保障。第三，相关法律的设立，必须要与政策性金融业务范围及其动态调整机制保持一致。鉴于国际形势的变化莫测，国内经济政策的调整必须与时俱进，相应的政策性金融服务领域也发生了应有的变化，例如现阶段重点支持的"一带一路"项目和"碳减排"项目等。同时，也要丰富所属机构种类和业务的类型，如2016年国家新组建的政策性农业信贷担保公司——国家农担联盟公司，并充分加强多维度政策性业务的扶持力度。由此可见，政策金融机构的明确立法会进一步促进其政策性目标的实现。

（3）政府要为政策性金融机构提供明确的监管主体及权责。

目前，政策性金融机构的监管主体包括人民银行、银保监会、财政部和审计署等，这些部门在监管中并不存在权责上的划分，所以整体上是较为混乱的，束缚了该机构健康有效的经营运作机制，阻碍了该机构综合绩效水平的提高。若要摆脱在监管上存在的这些缺陷和不足，就必须要明确赋予监管主体的具体权责，以保证监管工作的有序进行。同时，因其机构具有很强的公共性特征，故不能同商业性金融机构的监管一概而论，最好设立一个专门服务于该机构的特殊监督机构来对其实行有效管理。在监管原则上，仍然要秉持审慎性的原则，严格把控该机构组织和业务上的合规性，保证绩效评价结果的真实性和准确性。在监管方式上，仍然要采用现场与非现场检查方式来进行业务上的监管，达到动态与静态的监管融合，保证政策性业务有效、合规地开展。在监管财务上，不同以往商业性金融机构的监管指标，政策性金融机构因其特征属性可以弱化对盈利能力指标的考核，但是必须保证以财务稳健为前提条件，增加对公共项目支持和正外部性的考核，提升政策性金融机构的目标实现度，实现政策性金融机构综合绩效水平的提高。

2. 自身层面：

（1）政策性金融机构应提高自身的人力资源优势。

　　人力资源是政策性金融机构主要投入资源的一种，人力资本在政策性金融机构管理中发挥着越来越重要的作用，合理的人力资本结构就会表现出索洛模型中的劳动有效性，即该机构员工的劳动有效性表现得越突出，所呈现的综合效益水平就越好，因此影响政策性金融机构综合绩效提高的更多是人力资本的有效劳动而不是资本规模的无限扩大，这同当前我国人才兴国的战略不谋而合。政策性金融机构应该重视其内部人员配置、调动及人力资本投入的合理性等问题，这些问题的有效解决直接关系着员工积极性的提高和工作效率的提升。在对问题进行解决的同时，应进一步传承人文金融理念，优化人力资本结构路径，施展人尽其才对软实力环境建设所发挥的提升作用，让人力资源优势在机构的经营发展中得到有效的释放，实现其综合效益的全面提高。

　　（2）政策性金融机构应提高自身的经营运作能力。

　　目前政策性金融机构的经营能力较为一般，因此加强资本流向的监督管理和提高资本运作能力是非常有必要的。政策性金融机构因其组建目的的出发点和归宿点都是扶植社会弱势群体，实现国家金融政策目标，所以承载的社会责任较为突出。由于政策性金融机构以政策性扶持和社会效益最大化为经营手段，可能在发放政策性贷款中会出现偏离资产配置原则，偏重于提高社会公共福利水平的考虑，因此在政策目标实现的同时，也要保证财务的稳健，不能忽视资产质量的提升。保障资产质量是政策性金融机构赖以生存的基础，只有保证良好的生存条件，才能更好地发挥政策性功能。因此，在政策性金融机构发放政策性贷款的时候，要严格控制贷款前中后的每一个审核环节，保证贷款发放的真实性、急需性和安全性，并同时加强资产的有效性运作，对于已扶植得较好的企业应该停止或暂缓政策性贷款供给，及时补给到最需要政策性贷款的地方，避免出现政策性金融资源的浪费，让其发挥出更大的政策辐射效应，并提高资产循环利用率，保证不良资产的可控性，这样才能保证经营运作能力的本质性提高，进而促进综合绩效水平的提升。

（3）政策性金融机构应提高自身的创新能力。

创新是一个民族进步的灵魂，大到国家和企业，小到部门和个人，都与之息息相关。政策性金融机构作为特殊制度安排下的金融企业，其发展更是离不开创新能力的提升。我国现阶段政策性金融机构的创新能力依然处于较低的水平，这可能与该机构特殊的垄断性质所导致的认知误区有关，包括某些机构内部的管理层认为作为国家的公共职能部门只要认真按照国家的方针政策贯彻执行就可以，不需要在业务上有较大的创新和改良。如果将业务创新或改良看成"多此一举"的做法，那么同商业性金融机构相比较，就会呈现出较大的差距。政策性金融机构虽然不以营利为目的，但是也要坚持保本微利的经营原则。这背后也蕴含着创新能力对该机构的发展是必不可少的，若没有创新能力，可能会使其陷入难以生存的处境，甚至会濒临破产。因此，要想保证该机构经营的稳健性和职能发挥的可持续性，就必须要提高自身的创新能力。包括企业认知理念的创新、员工管理能力的创新、产品开发能力的创新等，只有将这些创新能力提高上来，政策性金融机构的综合绩效状况才能得到有效改善。

第三节　研究展望

本书运用了一系列相关方法对我国政策性金融机构的绩效评价进行了详细探讨，但是政策性金融机构的绩效评价本身是一个非常复杂的过程，定性指标如何量化？以及定量指标如何恰当地应用？对于这些问题本文所采用的专家和学者们的主观判断结论仍然存在很大的局限性，加上笔者学识积淀的薄弱，很难将政策性金融机构绩效评价问题的分析做到全面和透彻，显然会存在很多不足和遗漏之处。笔者希望在以后的研究中对此问题的分析能够得到更为深入的补充和完善：

在政策性金融机构绩效评价指标体系的构建中，对初期预选的评价指标，显然现阶段并不能囊括所有有价值的指标，仍然有待进一步考证和研究。在初期预选评价指标的筛选过程中，本书采用两轮专家意见法和变异系数检验法来完成。为了提高指标筛选的准确性和科学性，这里的被调查对象—专家的数量和调查轮次也需要有所增加，包括可以使用多种统计方法的检验，以此得出更科学、合理的绩效评价指标。

在政策性金融机构绩效评价指标体系的权重设计过程中，依据专家打分结果，采用层次分析方法对其进行权重设置。由于这种单一的权重设计方法存在一定的主观性和片面性，所以得出结果的科学性和准确性较为一般。鉴于对得出结果的科学和准确的严格要求，应该选用两种以上权重设计相结合的方法来完成，并对多种方法所测算的结果进行加权汇总，这样所得出的指标权重设置结果会更加令人信服。

在政策性金融机构绩效评价指标体系的应用中，本书采用模糊综合评判法对农发行 L 省级分行和 H 省级分行两家政策性金融机构的绩效进行了实证分析。当然，这种模糊综合评价法也是专家依据提交的相关材料和自身的阅历作为基础来评判完成的，显然不可回避的主观性判断依然存在。在力争实证结果准确的诉求下，应该进一步加入相关的实际数据定量分析，以此来校正所得结果的准确性，并为政策性金融机构绩效评价指标体系的广泛性应用提供依据。

参 考 文 献

［1］［美］阿里·哈拉契米：《政府业绩与质量测评：问题与经验》，张梦中等译，中山大学出版社 2003 年版。

［2］白钦先：《白钦先经济金融文集（三）》，中国金融出版社 2009 年版。

［3］白钦先：《比较银行学》，河南人民出版社 1989 年版。

［4］白钦先、郭纲：《关于我国政策性金融理论与实践的再探索》，载于《财贸经济》2000 年第 10 期。

［5］白钦先、剑眉：《论政策性金融与商业性金融的相互关系》，载于《上海金融》2005 年第 1 期。

［6］白钦先、李军：《我国政策性金融立法及相关问题研究》，载于《上海金融》2005 年第 11 期。

［7］白钦先、曲昭光：《各国政策性金融机构比较》，中国金融出版社 1993 年版。

［8］白钦先、王伟：《科学认识政策性金融制度》，载于《财贸经济》2010 年第 8 期。

［9］白钦先、王伟：《政策性金融概论》，中国金融出版社 2013 年版。

［10］白钦先、王伟：《政策性金融监督机制与结构的国际比较》，载于《国际金融研究》2005 年第 5 期。

［11］白钦先、王伟：《政策性金融可持续发展必须实现的六大协调均衡》，载于《金融研究》2004 年第 7 期。

［12］白钦先、徐爱田、欧建雄：《各国进出口政策性金融体制比

较》，中国金融出版社 2003 年版。

[13] 白钦先、薛誉华：《我国政策性银行的运行障碍及对策思考》，载于《财贸经济》2001 年第 9 期。

[14] 白钦先：《政策性金融论》，载于《经济学家》1998 年第 3 期。

[15] 波伊斯特、肖鸣政：《公共与非营利组织绩效考评：方法与应用》，中国人民大学出版社 2005 年版。

[16] 财政部统计评价司：《企业绩效评价问答》，经济科学出版社 1999 年版。

[17] 陈昌盛、蔡跃洲：《中国政府公共服务：基本价值取向与综合绩效评估》，载于《财政研究》2007 年第 6 期。

[18] 陈全兴、王晓娜：《现代商业银行绩效评价框架——基于价值理论与多维视角的分析》，载于《金融论坛》2012 年第 3 期。

[19] 陈小丽：《基于多层次分析法的湖北民族地区扶贫绩效评价》，载于《中南民族大学学报（人文社会科学版）》2015 年第 3 期。

[20] 迟国泰、朱战宇、徐玙：《基于"三性"分析的商业银行经营绩效综合评价模型》，载于《中国管理科学》1999 年第 4 期。

[21] [美] 戴维·奥斯本、特德·盖布勒：《改革政府——企业家精神如何改革着公共部门》，周敦仁等译，上海译文出版社 1996 年版。

[22] 戴相龙、黄达：《中华金融辞库·政策性金融卷》，中国金融出版社 1998 年版。

[23] 董淑英：《一般社会系统的定义及系统决策》，中国系统工程学会决策科学专业委员会学术年会 2007 年 10 月。

[24] 段玉华、张朝霞：《农业政策性金融支持新农村建设问题研究》，载于《金融研究》2007 年第 7 期。

[25] [美] 菲利克斯·A·尼格罗：《公共行政学简明教程》，郭晓来等译，中共中央党校出版社 1997 年版。

[26] 高霞：《当代普惠金融理论及中国相关对策研究》，辽宁大学博士学位论文，2016。

［27］宫海鹏：《中国农业政策性金融绩效分析与制度设计》，东北农业大学博士学位论文，2010。

［28］郭承宝、臧日宏：《中国农业政策性金融机构商业化转型中的博弈》，载于《金融理论与实践》2010年第5期。

［29］郭立夫、李北伟：《决策理论与方法》，高等教育出版社2006年版。

［30］郝成：《关于提升政策性银行绩效管理水平的思考》，载于《生产力研究》2007年第11期。

［31］胡学好：《建立我国政策性金融长期稳定发展的政策机制》，载于《财政研究》2006年第9期。

［32］黄丁：《新医改背景下公立医院综合绩效评价指标体系研究》，南京中医药大学硕士学位论文，2014。

［33］基利：《公共部门标杆管理》，中国人民大学出版社2002年版。

［34］贾康、孟艳：《政策性金融的体系、定位及其边界主张》，载于《改革》2009年第3期。

［35］贾康、孟艳：《政策性金融何去何从：必要性、困难与出路》，载于《财政研究》2009年第3期。

［36］姜灵敏：《层次分析法在商业银行经营绩效综合评价中的应用》，载于《统计与信息论坛》2002年第2期。

［37］焦瑾璞、黄亭亭、汪天都等：《中国普惠金融发展进程及实证研究》，载于《上海金融》2015年第4期。

［38］景杰、杜运伟：《政府生态管理绩效的多视角评价》，载于《中国行政管理》2015年第10期。

［39］寇尊宪：《财政投融资管理与实务》，经济科学出版社2004年版。

［40］李栋林：《财政支持新型城镇化建设绩效评价研究》，北京交通大学博士学位论文，2016。

［41］李建军：《国有商业银行公共性绩效评价体系的设计与比

较》，载于《金融论坛》2004 年第 5 版。

[42] 李鹏：《中国财政投融资资金运用绩效评价体系研究》，辽宁大学博士学位论文，2013。

[43] 李全刚：《农业政策性银行绩效评价系统研究——以 X 市农业发展银行为例》，西南财经大学硕士学位论文，2005。

[44] 李双杰：《企业绩效评估与效率分析》，中国社会科学出版社 2005 年版。

[45] 李宋岚、刘嫦娥：《基于平衡计分卡的商业银行绩效考核分析》，载于《财经问题研究》2010 年第 4 期。

[46] 李彦历：《我国财政资金绩效管理研究》，财政部财政科学研究所博士学位论文，2010。

[47] 李扬：《国家目标、政府信用、市场运作——我国政策性金融机构改革探讨》，载于《经济社会体制比较》2006 年第 1 期。

[48] 李政丹：《进出口政策性金融对经济贸易的贡献研究》，南开大学博士学位论文，2008。

[49] 李志彤、张成虎、张瑞君：《商业银行经营绩效的经验分析》，载于《管理评论》2004 年第 8 期。

[50] 梁润冰、梁江波：《政策性银行运营模式比较研究》，载于《南方金融》2006 年第 9 期。

[51] 林春：《基于 DEA - Malmquist 指数的中国政策性银行效率评价》，载于《经济体制改革》2016 年第 3 期。

[52] 林春、王伟：《基于财务视角对政策性银行经营效率的研究》，载于《金融发展研究》2015 年第 11 期。

[53] 林春、王伟：《我国政策性金融效率及影响因素研究——基于监管视角》，载于《技术经济与管理研究》2015 年第 12 期。

[54] 林春：《我国政策性银行效率影响因素及收敛性研究》，载于《北京工商大学学报（社会科学版）》2016 年第 3 期。

[55] 林春：《中国政策性银行全要素生产率测度及影响因素研究——基于宏观与微观解构》，载于《贵州财经大学学报》2016 年第 2 期。

[56] 刘翠英、张伟、曹洪军：《我国政策性银行运作过程中存在的问题探析》，载于《数量经济技术经济研究》2003 年第 6 期。

[57] 刘世锦：《全面持续地提高要素生产率》，载于《国家行政学院学报》2015 年第 3 期。

[58] 刘运国、陈国菲：《BSC 与 EVA 相结合的企业绩效评价研究——基于 GP 企业集团的案例分析》，载于《会计研究》2007 年第 9 期。

[59] 刘子赫：《我国政策性银行绩效评价指标体系的构建》，辽宁大学硕士学位论文，2012。

[60] 栾义君、马增华：《我国政策性银行成本效率研究》，载于《金融与经济》2014 年第 2 期。

[61] [美] 曼瑟尔·奥尔森：《集体行动的逻辑》，陈郁等译，上海人民出版社 1995 年版。

[62] 孟建民：《中国企业效绩评价》，中国财政经济出版社 2002 年版。

[63] 彭国甫：《地方政府公共事业管理绩效评价指标体系研究》，载于《湘潭大学学报（哲学社会科学版）》2005 年第 3 期。

[64] [美] 普雷姆詹德：《公共支出管理》，王卫星等译，中国金融出版社 1995 年版。

[65] [美] 乔安娜·雷格伍德：《小额金融信贷手册：金融业和公司运作的透视与展望》，马小丁等译，中华工商联合出版社 2000 年版。

[66] 邱兆祥、孙建星：《日本农业政策性银行绩效评价方法分析及经验借鉴》，载于《河北大学学报（哲学社会科学版）》2012 年第 3 期。

[67] 孙建星、何广文：《政策性银行绩效评价研究——以农业发展银行为例》，载于《江西社会科学》2013 年第 9 期。

[68] 孙建星：《农业政策性银行绩效评价方法研究》，中国农业大学出版社 2013 年版。

[69] 谭庆华、呙玉红：《政策性金融的引导—虹吸—扩张机制及相关政策探讨》，载于《广东财经大学学报》2004 年第 4 期。

［70］陶玲琴、王振龙、刘万翔：《比较金融学》，科学出版社 2005 年版。

［71］田晋、熊哲欣、向华：《民族地区村级精准扶贫绩效评价指标体系构建研究》，载于《经济研究导刊》2017 年第 1 期。

［72］田杨、罗瑞敏：《基于平衡计分卡的政策性银行绩效评价体系构建》，载于《商场现代化》2009 年第 4 期。

［73］王广谦：《经济发展中金融的贡献与效率》，中国人民大学出版社 1999 年版。

［74］王海净、田原、杨伟坤：《如何做到扶贫与经济双赢？——河北易县扶贫经济合作社调查》，载于《银行家》2016 年第 3 期。

［75］王继平、德振州：《农业政策性金融绩效评价取向》，载于《农业发展与金融》2014 年第 12 期。

［76］王谦：《政府绩效评估方法及应用研究》，西南交通大学博士学位论文，2006。

［77］王曙光：《金融发展理论》，中国发展出版社 2010 年版。

［78］王威、樊增强：《论政策性金融机构的改革取向》，载于《经济问题》2006 年第 9 期。

［79］王伟：《基于功能观点的政策性金融市场化运作问题探析》，载于《贵州社会科学》2009 年第 2 期。

［80］王伟、金春红：《经济有效性视角下中国政策性银行效率水平测度与评价》，载于《辽宁大学学报（哲学社会科学版）》2016 年第 1 期。

［81］王伟、李钧：《中国政策性金融可持续发展研究——格莱珉银行的启示》，载于《学习与探索》2013 年第 12 期。

［82］王伟、林春、秦伟新等：《中国政策性金融理论演进与创新研究》，载于《金融理论与实践》2015 年第 3 期。

［83］王伟、秦伟新：《关于新建政策性住房保障银行的思考》，载于《开发研究》2014 年第 5 期。

［84］王伟：《围绕宗旨推动政策性金融机构改革》，载于《中国经

济时报》2016 年 11 月 17 日。

[85] 王伟：《政策性金融与开发性金融之辨析及其转型定位研究》，载于《金融经济学研究》2006 年第 3 期。

[86] 王伟：《中国政策性金融的结构性失衡问题及对策》，载于《上海金融》2011 年第 4 期。

[87] 王伟：《中国政策性金融与商业性金融协调发展研究》，中国金融出版社 2006 年版。

[88] 王伟：《中国政策性银行改革发展的路径选择——基于国际政策性金融业变革的反思》，载于《经济经纬》2008 年第 1 期。

[89] 王学人：《我国政策性金融研究综述》，载于《求索》2006 年第 7 期。

[90] 文宁：《我国中小企业对外直接投资绩效评价指标体系研究》，辽宁大学博士学位论文，2014。

[91] 吴新叶：《农村社会治理的绩效评估与精细化治理路径——对华东三省市农村的调查与反思》，载于《南京农业大学学报（社会科学版）》2016 年第 4 期。

[92] 肖翔、洪欣：《普惠金融指数的编制研究》，载于《武汉金融》2014 年第 9 期。

[93] 徐诺金：《金融生态论》，中国金融出版社 2007 年版。

[94] 许良：《对我国政策性银行商业化运作问题的探析与展望》，载于《经济学动态》2010 年第 9 期。

[95] 薛斌：《农业政策性银行绩效考评问题研究——以中国农业发展银行宁夏分行为例》，北京师范大学硕士学位论文，2010。

[96] 杨童舒：《基于 DEA 的中国政策性银行经营效率研究》，载于《中国国情国力》2012 年第 4 期。

[97] 杨童舒：《中国政策性银行业务模式改革研究》，辽宁大学博士学位论文，2011。

[98] 杨锡春：《公共投资项目绩效评价研究》，西南财经大学博士学位论文，2012。

［99］杨晔：《我国政策性银行改革和职能调整的研究》，载于《财政研究》2007 年第 10 期。

［100］于炳华：《当前金融危机背景下政策性银行转型与职能重构》，载于《财经科学》2009 年第 5 期。

［101］袁建良：《开发性金融信用风险度量研究》，中南大学博士学位论文，2008。

［102］苑改霞：《金融制度：国际比较研究》，中国财政经济出版社 2003 年版。

［103］［美］詹姆斯·Q. 威尔逊：《美国官僚政治：政府机构的行为及其动因》，张海涛等译，中国社会科学出版社 1995 年版。

［104］张承惠：《政策性金融未来五年将起重要作用》，东方财富网，2016 年 3 月 21 日，http：//finance. eastmoney. com/news/1371，20160321606019179. html.

［105］张芬：《政策性银行效率及资产质量分析》，载于《地方财政研究》2014 年第 7 期。

［106］张令骞：《中国政策性金融体制异化与回归研究》，辽宁大学博士学位论文，2009。

［107］张涛、卜永祥：《关于中国政策性银行改革的若干问题》，载于《经济学动态》2006 年第 5 期。

［108］张涛、文新三：《企业绩效评价研究》，经济科学出版社 2002 年版。

［109］张燕、梁斌、孙韦等：《国际政策性银行改革进展经验与启示》，载于《金融发展评论》2013 年第 8 期。

［110］赵翠娜：《我国政策性银行改革问题研究》，吉林大学硕士学位论文，2011。

［111］赵亮：《辽宁农业发展银行绩效评价研究》，华中农业大学硕士学位论文，2013。

［112］郑雪梅：《中国生态财政制度与政策研究》，西南财经大学出版社 2009 年版。

[113] 钟春平:《商业金融与政策性金融的替代与互补效应》,载于《福建论坛(人文社会科学版)》2016年第1期。

[114] 周霆、邓焕民:《中国农村金融制度创新论:基于"三农"视角的分析》,中国财政经济出版社2005年版。

[115] 周小川:《完善法律制度,改进金融生态》,载于《金融时报》2004年12月7日。

[116] 朱大旗、何遐祥:《论我国政策性银行立法的完善——以实施"十一五"规划为契机》,载于《时代法学》2006年第5期。

[117] 朱立言、张强:《美国政府绩效评估的历史演变》,载于《湘潭大学学报(哲学社会科学版)》2005年第1期。

[118] 朱晓旸:《基于多重目标的国有企业绩效评价体系研究》,天津大学博士学位论文,2010。

[119] 朱衍强、郑方辉:《公共项目绩效评价》,中国经济出版社2009年版。

[120] A. Alesina and L. H. Summers, Central Bank Independence and Macroeconomic Performance: Some Comparative Evidence. *Journal of Money*, *Credit and Banking*, Vol. 25, No. 2, May 1993, pp. 151 – 162.

[121] R. D. Austin and J. H. Gittell, *Anomalies of High Performance*: *Reframing Economic and Organizational Theories of Performance Measurement*. Boston: Harvard Business School Press, 1999.

[122] I. Ayadi, Determinants of Tunisian Bank Efficiency: A DEA Analysis. *International Journal of Financial Research*, Vol. 4, No. 4, October 2013, pp. 128 – 139.

[123] B. Mundial, *Global Financial Development Report* 2014: *Financial Inclusion*. Estados Unidos: World Bank, 2014, pp. 121 – 135.

[124] R. A. Bates and E. F. Holton, Computerized Performance Monitoring: A Review of Human Resource Issues. *Human Resource Management Review*, Vol. 5, No. 4, Winter 1995, pp. 267 – 288.

[125] A. N. Berger (ed.), The Efficiency of Financial Institutions:

A Review and Preview of Research Past, Present and Future. *Journal of Banking and Finance*, Vol. 17, No. 2 - 3, April 1993, pp. 221 - 249.

[126] B. Bernanke and M. Gertler, Financial Fragility and Economic Performance. *The Quarterly Journal of Economics*, Vol. 105, No. 1, February 1990, pp. 87 - 114.

[127] T. Boland and A. Fowler, A Systems Perspective of Performance Management in Public Sector Organizations. *International Journal of Public Sector Management*, Vol. 13, No. 5, September 2000, pp. 417 - 446.

[128] F. Boons and M. Wagner, Assessing the Relationship between Economic and Ecological Performance: Distinguishing System Levels and the Role of Innovation. *Ecological Economics*, Vol. 68, No. 7, May 2009, pp. 1908 - 1914.

[129] C. Carvalho (ed.), Towards a Conceptual Model for Assessing the Quality of Public Services. *International Review on Public and Nonprofit Marketing*, Vol. 7, No. 1, March 2010, pp. 69 - 86.

[130] C. M. James, RAROC Based Capital Budgeting and Performance Evaluation: A Case Study of Bank Capital Allocation. Center for Financial Institutions Working Papers, September 1996.

[131] R. M. Debnath and R. Shankar, Measuring Performance of Indian Banks: An Application Data Envelopment Analysis. *International Journal of Business Performance Management*, Vol. 10, No. 1, January 2008, pp. 57 - 85.

[132] D. W. Williams, Evaluation of Performance Measurement Until 1930. *Administration and Society*, Vol. 36, No. 2, May 2004, pp. 131 - 165.

[133] A. Delbosc and G. Currie, Using Lorenz Curves to Assess Public Transport Equity. *Journal of Transport Geography*, Vol. 19, No. 6, November 2011, pp. 1252 - 1259.

[134] D. Wellisch, *Theory of Public Finance in a Federal State.* Cam-

bridge: Cambridge University Press, 2000.

[135] P. F. Drucker, What Will We be Short of This Time?. *Saturday Evening Post*, Vol. 223, No. 12, September 1950, P. 29.

[136] A. EL Mir, Public Financial Institutions and Their Role in Development. International Center for Public Enterprises in Developing Countries, July 11 – 15, 1983.

[137] M. D. Fethi (ed.), Measuring the Efficiency of European Airlines: An Application of DEA and Tobit analysis. The Annual Meeting of the European Public Choice Society, April 26 – 29, 2000.

[138] L. Fitzgerald and P. Moon, *Performance Measurement in Service Industries: Making It Work*. London: CIMA, 1996.

[139] F. S. Lane, *Current Issues in Public Administration*. Peking: Peking University Press, 2007, pp. 23 – 24.

[140] H. O. Fried (ed.), Evaluating the Performance of US Credit Unions. *Journal of Banking & Finance*, Vol. 17, No. 2 – 3, April 1993, pp. 251 – 265.

[141] K. Fryer (ed.), Performance Management in the Public Sector. *International Journal of Public Sector Management*, Vol. 22, No. 6, August 2009, pp. 478 – 498.

[142] M. Goergen, Corporate Governance and Financial Performance: A Study of German and UK Initial Public Offerings. *Social Science Electronic Publishing*, Vol. 24, No. 472, August 2000, pp. 825 – 827.

[143] D. Grigorian and V. Manole, Determinants of Commercial Bank Performance in Transition: An Application of Data Envelopment Analysis. *Comparative Economic Studies*, Vol. 48, No. 3, June 2002, pp. 497 – 522.

[144] B. Gutiérrez – Nieto (ed.), Microfinance Institutions and Efficiency. *Omega*, Vol. 35, No. 2, April 2007, pp. 131 – 142.

[145] G. E. Halkos and D. S. Salamouris, Efficiency Measurement of

the Greek Commercial Banks with the Use of Financial Ratios: A Data Envelopment Analysis Approach. *Management Accounting Research*, Vol. 15, No. 2, June 2004, pp. 201 – 224.

[146] P. T. Harker and S. A. Zenios, Performance of Financial Institutions: Introduction. *Management Science*, Vol. 45, No. 9, September 1999, P. 502.

[147] T. S. Y. Ho, Allocate Capital and Measure Performances in a Financial Institution. *Finance Markets Institutions & Instruments*, Vol. 8, No. 5, December 1999, pp. 1 – 23.

[148] J. A. Hoogenboezem, Local Government Performance Indicators in Europe: An Exploration. *International Review of Administrative Sciences*, Vol. 70, No. 1, March 2004, pp. 51 – 64.

[149] M. A. Huselid, The Impact of Human Resource Management Practices on Turnover, Productivity, and Corporate Financial Performance. *Social Science Electronic Publishing*, Vol. 38, No. 3, June 1995, pp. 635 – 672.

[150] K. Ikeo and Y. Goto, The Government and the Financial System: An Overview. *Public Policy Review*, Vol. 2, No. 1, 2006, pp. 97 – 140.

[151] R. S. Kaplan and D. P. Norton, Chapter 18 – Putting the Balanced Scorecard to Work. *Economic Impact of Knowledge*, Vol. 71, No. 5, 1998, pp. 315 – 324.

[152] R. S. Kaplan and D. P. Norton, The Balanced Scorecard – measures that Drive Performance. *Harvard Business Review*, Vol. 70, No. 1, 1992, pp. 187 – 204.

[153] J. P. Krahnen and R. H. Schmidt, Development Finance as Institution Building: A New Approach to Poverty – oriented Banking. *Journal of Development Economics*, Vol. 50, No. 2, 1996, pp. 392 – 395.

[154] P. Kumar (ed.), Performance Evaluation of Select Public Sec-

tor Banks and Public Sector Financial Institutions in India. *TIJ's Research Journal of Economics & Business Studies - RJEBS*, Vol. 2, No. 4, May 2013, pp. 46 - 69.

[155] L. B. Landrum and S. L. Baker, Managing Complex Systems: Performance Management in Public Health. *Journal of Public Health Management and Practice*, Vol. 10, No. 1, Jan - Feb 2004, P. 13.

[156] T. Litman, *Evaluating Transportation Equity: Guidance for Incorporating Distributional Impacts in Transportation Planning*. Victoria: Victoria Transport Policy Institute, 2007.

[157] K. Lundberg (ed.), Framework for Environmental Performance Measurement in A Swedish Public Sector Organization. *Journal of Cleaner Production*, Vol. 17, No. 11 July 2009, pp. 1017 - 1024.

[158] M. A. Malina and F. H. Selto, Choice and Change of Measures in Performance Measurement Models. *SSRN Electronic Journal*, Vol. 15, No. 4, December 2004, pp. 441 - 469.

[159] M. Masashi, Policy Evaluation of Public Financial Institutions from the View Points of Flow of Funds. *Discussion Papers in Economics & Business*, No. 4, October 2007, pp. 561 - 562.

[160] A. Matei and L. Matei, Systemic Model for Optimal Regulation in Public Service. *Theoretical & Applied Economics*, Vol. 3, No. 498, May 2006, pp. 45 - 50.

[161] H. Mobeen (ed.), A Financial Performance Comparison of Public Vs Private Banks: The Case of Commercial Banking Sector of Pakistan. *International Journal of Business & Social Science*, Vol. 2, No. 11, June 2011, pp. 56 - 64.

[162] A. H. Munnell and L. M. Cook, How Does Public Infrastructure Affect Regional Economic Performance? . *New England Economic Review*, Vol. 30, No. 9, February 1990, pp. 11 - 33.

[163] G. Nanayakkara, Measuring the Performance of Microfinancing

Institutions: A New Approach. *South Asia Economic Journal*, Vol. 13, No. 1, March 2012, pp. 85 – 104.

[164] P. M. Jackson, Public service performance evaluation: A strategic perspective. *Public Money & Management*, Vol. 13, No. 4, 1993, pp. 9 – 14.

[165] L. E. Preston and D. P. O' bannon, The Corporate Social – financial Performance Relationship: A Typology and Analysis. *Business & Society*, Vol. 36, No. 4, December 1997, pp. 419 – 429.

[166] ADB, *Asian Development Outlook* 2015: *Financing Asia's Future Growth*. The Philippines: Asia Development Bank, 2015.

[167] M. Schreiner and J. Yaron, Development Finance Institutions: Measuring Their Subsidy. World Bank Publications, The World Bank, No. 13983, 2001.

[168] H. D. Sherman and F. Gold, Bank Branch Operating Efficiency: Evaluation with Data Envelopment Analysis. *Journal of Banking & Finance*, Vol. 9, No. 2, June 1985, pp. 297 – 315.

[169] R. B. Staub (ed.), Evolution of Bank Efficiency in Brazil: A DEA Approach. *European Journal of Operational Research*, Vol. 202, No. 1, April 2010, pp. 204 – 213.

[170] S. Tadesse, Financial Architecture and Economic Performance: International Evidence. *Journal of financial intermediation*, Vol. 11, No. 4, October 2002, pp. 429 – 454.

[171] A. Alkhatib and M. Harasheh, Financial Performance of Palestinian Commercial Banks. *International Journal of Business & Social Science*, Vol. 3, No. 3, February 2012, pp. 175 – 184.

[172] Y. Ust and B. Sahin, Performance Optimization of Irreversible Refrigerators Based on A New Thermo – ecological Criterion. *International Journal of Refrigeration*, Vol. 30, No. 3, May 2007, pp. 527 – 534.

[173] M. Uzunkaya, Economic Performance in Bank – Based and Mar-

ket – Based Financial Systems: Do Non – Financial Institutions Matter? . *Journal of Applied Finance & Banking*, Vol. 2, No. 5, 2012, pp. 159 – 176.

[174] V. N. Vapnik, *Statistical Learning Theory*. Hoboken: Wiley, INC, 1998.

[175] S. A. Waddock and S. B. Graves, The Corporate Social Performance – financial Performance Link. *Strategic Management Journal*, Vol. 18, No. 4, April 1997, pp. 303 – 319.

[176] W. Wagner, Performance Evaluation and Financial Market Runs. *Review of Finance*, Vol. 17, No. 2, April 2013, pp. 597 – 624.

[177] T. F. Welch, Equity in Transport: The Distribution of Transit Access and Connectivity Among Affordable Housing Units. *Transport Policy*, Vol. 30, November 2013, pp. 283 – 293.

[178] J. S. Wholey, Performance – based Management: Responding to the Challenges. *Public Productivity & Management Review*, Vol. 22, No. 3, March 1999, pp. 288 – 307.

[179] D. W. Williams, Evolution of Performance Measurement Until 1930. *Administration and Society*, Vol. 36, No. 2, May 2004, pp. 131 – 165.

[180] D. J. Wood, Corporate Social Performance Revisited. *The Academy of Management Review*, Vol. 16, No. 4, 1991, pp. 691 – 717.

[181] World Bank, *Implementation Completion Report*, *Albania*, *Forestry Project*. Washington DC: World Bank, 2004.

后　记

　　本书是在我的博士论文基础上进行修改与完善的。毕业三年后，接到出版通知，再次翻开自己的论文，着实是让自己感动与惭愧。感动的是那时候为了能够让这篇拙作迅速"出炉"，大半年的时间都是在找资料、查数据以及写作中度过，虽然看起来很枯燥，但是过得特别充实，心里只有一个念想，就是要写完这篇论文，迎接毕业的曙光。惭愧的是这篇拙作仍然有很多不足之处需要弥补，虽然近年来相关资料和数据的公开及获得有所改善，笔者也在出版前再一次进行了深度地完善，力求结果的完美，但是不足的地方依然存在，希望读者予以宽容和谅解。

　　该书的顺利出版，需要感谢的人很多。首先，要感谢我的导师王伟研究员，是他带我走进了学术之门，让我在学术的海洋中遨游，感激之情溢于言表。其次，要感谢白钦先教授、赫国胜教授、刘俊奇教授、刘钧霆教授、张虹教授、桑榕教授以及和军教授等对我的拙作提出的宝贵修改建议，是你们睿智的学术思想、前卫的学术嗅觉、渊博的学术涵养让我的论文得以顺利地修改和完成。再次，要感谢辽宁大学经济学院的领导和同事们，是你们的默默付出才让我有机会登上学术的舞台。最后，还要感谢我的父亲、母亲、岳父、岳母、妻子和孩子，是你们作为坚实的后盾才让我可以心无旁骛地为学术研究拼搏。在这里对你们表示深深的谢意。

　　本书的出版离不开经济科学出版社各位编审老师的辛苦付出，在此一一谢过。诚然，笔者的学术水平有限，书中有些不足的地方在所难免，恳请各位读者批评指正。

林　春

2020 年 8 月 30 日